KB273440

PHILOSOPHY:

THE ESSENTIAL STUDY GUIDE

철학 교수님이 알려주는 공부법

초판인쇄 2012. 8. 27 | 초판발행 2012. 9. 3 | 지은이 나이절 워버턴 | 옮긴이 박수철

펴낸이 김광우 | 편집 최정미 | 디자인 박솔 | 영업 권순민, 허진선 | 펴낸곳 知와 사랑

서울시 영등포구 당산동 3가 558-3 더파크365빌딩 908호

전화 (02)335-2964 | 팩시밀리 (02)335-2965 | 이메일 jiwa908@chol.com

등록번호 제10-1708호 | 등록일 1999. 6. 15.

ISBN 978-89-89007-63-0 (93100)

값 11,800원

www.jiwasarang.co.kr

이 도서의 국립중앙도서관 출판시도서목록(CIP)은 e-CIP홈페이지(http://www.nl.go.kr/ecip)와
국가자료공동목록시스템(http://www.nl.go.kr/kolisnet)에서 이용하실 수 있습니다.
(CIP제어번호 : CIP2012003786)

철학 교수님이

PHILOSOPHY:
THE ESSENTIAL STUDY GUIDE

알려주는 공부법

+ 나이절 워버턴 지음 + 박수철 옮김

知와 사랑

✦ 머리말

✦습관1　　적극적으로 읽기

✛ 철학 시험을 준비하는 방법

교육은 상상력이 배제된 과정일 수 있다. 교육은 읽기, 쓰기, 산수 같은 세 가지 과목에 익숙해지도록 만드는 족쇄일 수 있다. 하지만 그 세 가지 도구는 보다 중요한 사고와 분석을 결여하고 있다. 비판적인 태도를 취할 방법을 가르쳐주지 않는다. 내가 인생에서 성취한 것이 있다면, 그것은 철학 덕분일 것이다.

+ 마이클 맨스필드, 영국 왕실 고문변호사

머리말

철학에 갓 입문한 학생들은 철학을 어떻게 공부해야 할지 모르는 경우가 많다. 이 작은 책 속에 모든 해답이 담겨 있다. 내가 이 책에서 소개하는 원칙들을 충실히 실천하면 학습시간을 효과적으로 활용할 수 있으며, 그런 과정을 통해 장차 훌륭한 사상가로 성장하게 될 것이다.

이 책을 쓰는 과정에서 여러모로 조언을 아끼지 않은 토니 브루스Tony Bruce, 마이클 클라크Michael Clark, 스티븐 로Stephen Law, 애너 모츠Anna Motz 등과 원고 교열을 맡아준 크리스틴 퍼스Christine Firth, 그리고 이 책의 초고를 읽어준 출판사 관계자분들에게 감사를 표한다. 결과적으로 이 책을 쓰는 데 도움이 되어준 제자들에게도 고마움을 전한다.

생각하느니 차라리 죽겠다는 사람들이 있다. 실제로 죽는다.

✦ 버트런드 러셀

철학은 관람용 스포츠가 아니다

철학을 공부할 때 기억해야 할 중요한 사실은, 철학이 관람용 스포츠가 아니라는 점이다. 학생들이 철학의 개념들을 다룰 때는 어떤 사건을 객관적으로 보도하는 기자가 아니라 철학자로서 접근해야 한다. 철학공부를 한다는 건 철학적 사고를 배운다는 걸 의미한다. 이것이 핵심이다. 바로 이런 점에서 철학을 공부하는 것은, 이를테면, 시를 공부하는 것과는 다르다. 일반적으로 시를 공부하는 사람은 굳이 시인처럼 시를 지을 필요가 없다. 대신 시를 날카롭게 비평하는 방법만 배우면 된다. 시에 관한 비평을 시처럼 쓸 필요도 없다. 실제로 소네트를 지을 수는 없어도 소네트를 공부할 수는 있다. 마찬가지로 미술사를 공부하는 사람은 구태여 그림을 잘 그릴 필요가 없다. 다만 그림과 조과 건축물을 감상하는 방법과 그것들을 역사적 맥락에서 이해하는 방법을 배우면 족하다. 그러나 철학은 다르다. 예를 들면, 모든 철학 논술은 그 자체로 철학의 일부다. 논술에서는 어떤 주장을 펼쳐야 한다. 굳이 깜짝 놀랄 만한 독창적인 주장일 필요는 없다. 다만 적절한 논증이 요구된다. 논술을 할 때는 역사적으로 유명한 철학자들이 자신의 견해를 주장했듯이, 우리도 자신의 견해를 주장해야 한다. 즉 위대한 철학자들이 그들의 위치에서 그랬던 것처럼 논술을 쓰는 학생은 자신의 위치에서 여러 가지 개념들을 설명하고 해석하며 비판하고 제시해야 한다. 이런 점에서 볼 때 철학은 물리학이나 역사학과 유사한 점이 있다. 이를테면, 지금 물리학 실험을 수행하는 사람은 과거의 위대한 물리학자들과 동일한 종류의 활동에 종사하고 있는 것이다. 그리고 지금 역사를 공부하는 사람도 나름의 역사연구에 임하고 있다고 볼 수 있다. 마찬가지로 철학을 공부하는 사람은 철학적 사고를 외면할 수 없다.

철학을 읽을 때, 들을 때, 논할 때도 마찬가지 원리가 적용된다. 철학자**로서** 읽어야 하고, 철학자**로서** 들어야 한다. 철학을 논한다는 건 단순히 철학에 **관한** 토론이 아니라 철학적 토론을 뜻한다. 이것은 철학이 흥미진진하고 매력적인 학문의 자리에 오른 여러 가지 이유들 가운데 하나다. 단순히 타인의 생각을 배우는 문제가 아니라 나 자신이 철학자로서 사고하는 방법을 배우는 문제인 것이다. 진정한 의미에서 철학을 공부하는 것은 철학자로 **탈바꿈하는** 과정을 가리킨다. 철학공부는 다른 철학자들의 발언과 그것의 맥락을 배우는 것과 관련이 있다. 그러나 그 자체가 목적은 아니다. 우리가 철학자로서 철학의 과거를 공부하는 목적은 무미건조한 개념으로 가득한 박물관을 방문하기 위해서가 아니다. 철학의 과거를 공부하는 진정한 목적은, 오늘날의 철학에 기여하고 적어도 지금 우리가 탐구하는 문제의 뿌리를 이해하기 위해서다.

예를 들면, 철학과에서 르네 데카르트 같은 17세기 철학자에 관한 수업을 듣게 되면 우리가 확실히 알 수 있는 것과 회의론에 관한 그의 견해를 다루게 될 것이고, 생각이 존재를 입증한다고 주장한 그 유명한 "나는 생각한다Cogito. 고로 나는 존재한다"라는 데카르트의 견해, 즉 사유를 갖는다는 것이 우리가 존재한다는 것을 증명한다는 견해를 배울 것이다. 우리는 단지 데카르트의 지적, 역사적 맥락에 관한 사실이나 그의 삶에서 중요한 사건 자체를 다루지는 않을 것이다. 그러나 데카르트의 역사적, 인생사적 배경을 살펴보는 까닭은 그가 우리에게 전달하려고 한 것, 그가 반대한 견해, 그가 활용한 중요한 모델 등을 보다 쉽게 이해하기 위해서다. 우리는 그의 저작물이 갖는 문헌적 가치에 집중하지도 않을 것이다. 물론 그의 문맥과 문체를 비롯한 데카르트의 모든 측면들은 그에 대한 철학적 연구에도 필요하다. 그러나 궁극적 목표는 오늘날까지 이어진 여러 가지 철학적 논의의 시발점을 제공하고 후학들에게 엄청난 영향을 미친 데카르트의 주장을 이해하고 논하는 것이다.

전공자로서 철학 강의를 듣는 것은 철학자가 되기 위한 훈련을 받는 과정이다. 사상의 역사는 공부의 일부분일 뿐이다. 그리고 그것은 본질적인 목적이 아니다. 철학은 기본적으로 지식의 덩어리가 아니라 하나의 활동이다. 이는 철학이 무척 역동적이고 흥미진진한 학문인 이유이기도 하다. 여기서 갈고 닦는 여러 기술들은 철학뿐 아니라 다른 분야에도 응용할 수 있다. 철학을 공부하면 우리가 세상을 떠날 때까지 계속 자신의 생각에 영향을 미칠 수 있을 것이다.

✖✖✖ 사상가와 단순한 학자의 차이

수동적으로 습득한 진리는 의족과 틀니와 밀랍 코, 혹은 타인의 살집으로 성형한 코에 불과하다. 반면 우리 자신의 사고를 통해 획득한 진리는 부모로부터 물려받은 팔다리와 같다. 바로 여기에 단순한 학자와 사상가의 차이점이 있다. 스스로 사고하는 사람의 지적 자산은 적절한 명암, 일관된 색조, 완벽한 색의 조화를 자랑하는 한 폭의 아름다운 그림과 같다. 반면 단순한 학자의 지적 자산은 다양한 색상을 자랑하고 일목요연하게 정리되어 있지만 조화, 순서, 중요성 등이 없는 커다란 팔레트 같다.

➕ 아르투르 쇼펜하우어, 「독자적인 사고에 관하여On Thinking for Oneself」

철학적 사고를 배우는 네 가지 방법이 있다. 훌륭한 철학자가 되기 위해서는 반드시 다음 네 가지 습관을 길러야 한다. 이 네 가지 습관은 어떤 공부를 할 때도 도움이 될 것이다.

- 적극적으로 읽기
- 적극적으로 듣기
- 적극적으로 토론하기
- 적극적으로 글쓰기

대부분의 철학자들은 바로 이 네 가지 습관을 적절히 조합해 실천함으로써 나름의 철학적 기술을 다듬어왔다. 물론 소크라테스 같은 예외도 있다. 알다시피 그는 철학과 관련한 글을 남긴 적이 없지만, 탁월한 토론 능력 덕분에 위대한 철학자의 반열에 올랐다. 심각한 청각장애를 갖고 있는 사람, 그러니까 독순술, 동시수화, 동시자막 등에 의존해야 하는 사람도 위대한 철학자가 될 수 있다. 하지만 일반적으로 철학 전공자들은 이 네 가지 활동을 적절히 구사해야 그들의 과제를 수행할 수 있다.

내가 강조하는 건 **소극적**이 아니라 **적극적**인 읽기, **적극적인 듣기**, **적극적인** 토론, **적극적인** 글쓰기다. 앞서 강조한 대로 철학은 관람용 스포츠가 아니라 오히려 쉽게 만족되지 않거나 아주 신나는 **실천**이다. 우리가 목표로 삼아야 할 것은 보다 명확하게 사고하는 것이며 지금 우리가 탐구하는 주제를 이미 철학적으로 사고한 바 있는 사람들의 빛나는 업적을 통해 배우는 것이다.

대부분의 활동과 마찬가지로 철학도 기본적 수단들을 배우고 그것들을 적용하면 더 쉬워진다. 한 사람의 정체된(진부한) 사상가가 되기는 쉽다. 그런 사상가가 되는 가장 확실한 방법은 진정으로 사고하기를 외면한 채 타인의 말과 글을 단지 암기하고 앵무새처럼 반복하는 소극적 방식에 안주하는 것이다. 어떤 사람들은 결코 이런 상태에서 벗어나지 못한다. 하지만 일단 독창적으로 생각하고 글을 쓰는 방법을 터득하면, 그것을 삶의 여러 영역에 응용할 수 있다. 철학을 공부한 사람들은 철학이 다른 모든 학문에 비해 비판적 사고력을 키우는 데 큰 도움이 되었다고 평가한다. 그들은 더이상 타인의 의견을 무비판적으로 받아들이지 않는다. 그들은 자신의 견해를 뒷받침하는 근거를 이끌어내고, 검토하며, 검증하기를 바란다. 그들은 치밀하게 사고한다. 결론을 뒷받침하는 주장을 적재적소에 배치하는 방법을 배웠기 때문에 매우 추상적이고 난해한 주제를 다룰 때조차도 그들의 글에는 진정한 힘이 실려 있다. 이처럼 적극적인 철학 공부는 보답과 보람이 뒤따르는 경험이 된다.

적극적으로 읽기

독서는 적극적인 활동이다. 글이나 책을 읽을 때는 저자의 견해를 단순히 흡수하지 말고 텍스트 내용에 대해 생각하고 질문을 던질 필요가 있다. 텍스트 내용을 비판적으로 바라보면 그것을 철저하게 이해할 수 있고 더 오래 기억할 수 있다.

좋은 책을 읽는 것은 지난 수 세기 동안의 가장 유명한 지성인들과
대화를 나누는 것, 아니 그 저자들이 우리에게 자신의 최고의 생각
을 드러내는 치밀하고 신중한 대화를 나누는 것과 같다.

✛ 르네 데카르트, 『방법 서설 *Discourse on Method*』(1637)

우리 삶의 심오한 문제와 위대한 철학자들의 사상을 다룬 책을 읽는 건 흥미진진하고 짜릿하면서도 부담스러울 수 있다. 공부를 하다 보면 전혀 이해되지 않는 논문이나 책을 읽어야 할 때가 있기 마련이다. 심지어 두 번, 세 번, 네 번, 다섯 번 읽어도 무슨 말인지 전혀 모를 때도 있다. 이때 절대로 포기하면 안 된다. 철학 텍스트는 원래 이해하기 어렵다. 20년 이상 철학을 공부한 전문가들도 마찬가지다. 철학논문이나 철학서를 쉽게 이해하지 못한 적이 한 번도 없었다면, 그건 틀림없이 거짓말이거나 자기기만일 것이다. 철학은 공부하기가 쉽지 않은 학문이다. 철학은 대부분 추상적인 주제를 다룬다. 그러므로 철학이나 논술 텍스트에 담긴 주장은 이해하기가 무척 어려울 수 있다. 철학을 읽는다는 것은 사실을 흡수하는 것이 아니라 아주 애매하게 보이는 개념과 씨름하는 것이다. 지금 읽고 있는 논문이나 책이 꽤 오래전의 저작이라면, 거기에 담긴 개념도 고대의 언어로 표현되었을 것이다. 철학 텍스트에는 전문용어가 등장하고, 익숙한 단어도 낯선 방식으로 구사될 수 있다. 그리고 모든 철학자들이 이해하기 쉽게 분명하게 글을 쓰지도 않는다. 심지어 어떤 철학자들은 일부러 애매하게 글을 쓰는 것을 즐기는 것 같기도 하다. 다행히 여러분이 읽어야 할 텍스트를 쉽게 이해할 수 있는 몇 가지 전략이 있다.

소극적인 태도는 금물이다

독서는 때때로 생각을 피하는 기발한 수단이다.

+ 아서 헬프스 경, 『평의회의 친구들*Friends in Council*』

독서를 소극적인 행위로 보는 것은 잘못이다. 독서는 적극적인 활동이다. 글이나 책을 읽을 때는 저자의 견해를 단순히 흡수하지 말고 텍스트 내용에 대해 생각하고 질문을 던질 필요가 있다. 텍스트 내용을 비판적으로 바라보면 그것을 철저하게 이해할 수 있고 더 오래 기억할 수 있다. 이렇게 해야 의미 있고 생생한 지식을 얻을 수 있다. 그런 지식은 단지 시험을 통과하기 위해 암기해야 할 대상이 아니라 우리 삶을 둘러싼 중요한 쟁점에 관해 생각하는 자극제가 될 것이다. 텍스트와 진정한 상호작용을 하지 않은 채 단순히 글자를 읽는 데 급급하면, 아무리 열심히 읽어도 소용없다. 그렇게 의무적으로 읽은 무미건조하고 애매한 내용은 졸음만 유발할 뿐이다.

독서가 정신에 미치는 효과는 운동이 육체에 미치는 효과와 같다.

+ 리처드 스틸

물론 텍스트 내용 가운데 일부를 기억할 필요는 있으며, 철학공부에서는 암기력도 중요한 역할을 한다. 그러나 당면한 쟁점을 이해하지 못하거나 거기에 몰입하지 못하면, 텍스트 내용을 기억하기 어렵다. 그리고 텍스트에 담긴 저자의 견해를 자기 것인 양 흉내 낼 수는 있어도 그 진의를 파악하지는 못한다. 일단 적극적인 독서 습관을 들이면, 차츰 저자의 집필의도에 맞게 텍스트의 내용을 이해하기 시작할 것이다.

> **내 글이 다른 사람들에게 사고의 부담을 덜어주는 방편이 되지는 않았으면 한다. 가능하다면 그 사람 자신의 생각을 자극하는 수단이 되었으면 좋겠다.**
>
> ✛ 루트비히 비트겐슈타인, 『철학적 탐구*Philosophical Investigation*』의 서문

적극적으로 읽기의 구체적인 방법은 무엇일까? 첫 번째 방법은 읽으면서 메모를 하는 것이다. 이때 메모는 나중에 참고하기 위한 것이 아니라 텍스트의 요점을 놓치지 않기 위한 것이다. 우선 특히 재미있거나 감동적이거나 중요한 구절을 고르고 나서 거기에 대한 궁금증이나 반론을 논문이나 책의 여백에 간단히 적어두면 된다. 그리고 읽은 내용을 나중에 친구들과 토론해도 된다. 텍스트를 읽다

가 잠시 멈추고 방금 읽은 내용을 생각하라. 이처럼 적극적으로 철학 읽기는 소설이나 신문을 읽는 것보다 훨씬 천천히 진행된다. 이렇게 해서 좋은 습관을 길러야 한다. 철학 텍스트를 대충 훑어보거나 골자를 파악해도 무방한 대상으로 여긴다면, 그 주제를 진정으로 파악할 수 없다.

소극적인 읽기를 피하는 두 번째 방법은 "저자의 의도는 무엇일까?"라는 질문뿐 아니라 "저자의 주장은 옳은가?"라는 질문을 스스로에게 던지는 것이다. 물론 답변하기 힘든 질문일 수 있다. 하지만 이것은 철학자로서 반드시 던져야 하는 기본적인 질문이다. 다른 철학자들의 글을 읽는 궁극적인 목적은 결국 그들의 주장이 옳은지 그른지를 가리는 것이다. 어떤 철학자의 주장이 옳다면 그 이유가 무엇인지 알아야 한다. 그르다면 **왜** 그른지를 알아야 한다. 우리는 어떤 문제에 대해 가능한 한 진리에 가까이 다가가고 싶어 한다. 진리에 가까이 다가갈 수 있는 최고의 희망은 타당한 논거를 통해 결론을 도출하는 합리적인 논증이다. 어떤 경우 우리는 잘못된 종류의 질문을 받아왔다는 사실을 발견하게 된다. 그러나 우리가 철학을 진전시킬 때 가장 바람직한 것은 언제나 추론을 통하는 것이다. 우리는 주장과 반론을 검토하여, 대안적인 설명이나 더욱 매끈한 이론을 찾는다. 어떤 사상가의 결론에 동의하는 것만으로는 부족하다. 그 사상가가 적절한 형태의 추론을 통해 결론에 도달했는지 확인해야 한다. 그러므로 언제나 저자의 주장이 옳은지 그른지, 그리고 그 사람의 결론이 타당한 논거와 증거를 갖고 있는지를 중요시해야 한다.

여기서 명심해야 할 중요한 점이 몇 가지 있다. 첫째, 저자의 기본적인 가정은 옳은가? 어떤 사람이 창세기의 모든 내용이 참이라는 가정을 바탕으로 주장을 펼친다면, 그것은 논리적으로는 완벽한 주장일지 모른다. 그러나 만약 창세기의 모든 내용이 진실이라는 기본 전제가 참이 아니라면, 예를 들어 이 세상은 6일 만에 창조되지 않았다면, 그 사람의 결론이 옳다고 확신할 수는 없다(물론 이 주장만을 근거로 해서는 결론을 거짓으로 단정할 수도 없다). 저자의 기본 전제를 검토하고, 그것이 참인지 거짓인지 확인하라. 그런 다음 저자의 추론과정을 검토하라. 저자의 결론이 그가 제시한 논거와 부합하는가? 혹시 저자가 미처 고려하지 못한 반론과 반례가 있지는 않은가? 저자는 성급한 일반화의 오류를 범하고 있지는 않은가? 단 하나의 사례를 근거로 주장을 전개하지는 않는가? 철학 텍스트를 읽을 때는 이런 식의 질문을 계속 던져야 한다. 적극적인 읽기와 비판적인 읽기를 배우는 것은 철학 교육에서 중요하다.

그렇다고 잘못된 가정과 추론이 엿보이는 논문이나 책을 무조건 멀리하라는 말은 아니다. 다른 사람들의 견해를 배운다는 건 현 상태에 만족하는 태도나 독단주의에 맞서는 것이다. 그것은 또한 자신의 사고력을 다듬는 데 도움이 될 수도 있다. 그리고 자신이 갖고 있는 신념의 이유를 검토하는 자극제가 될 수 있고, 경우에 따라서는 신념을 바꾸는 촉매제가 될 수도 있다. 많은 위대한 철학자들은 자신과 견해가 다른 사상가들에게 반박함으로써 그 주제를 깊이 천착하게 되었다. 일례로 아리스토텔레스의 견해 가운데 일부는 플라톤의 견해에 대한 반박에서 비롯되었고, 임마누엘 칸트의 몇몇 사상도 그가 데이비드 흄의 저작을 읽은 데서 나왔으며, 루트비히 비트겐슈타인의 사상도 대부분 그가 마음에 대한 잘못된 설명에 반박한 데서 말미암은 것이었다.

우리는 반론을 접하기 전까지는 자신의 견해를 굳게 믿기 마련이고, 그것은 하나의 편견으로 자리 잡는다. 그러나 스스로 생각하는 힘이 있고 기꺼이 그렇게 할 자세를 갖춘 사람은 타인의 비판을 계기로 자신의 신념을 훨씬 깊이 이해할 수 있으며, 심지어 기존의 견해를 바꿀 수도 있다.

✖✖✖ 반론의 가치를 높이 평가한 존 스튜어트 밀

교사도 학생도 상대할 적이 없으면 금세 잠들고 만다.

+ 『자유론*On Liberty*』

…… 어떤 의견이 옳고 전적으로 진리일지라도 엄격하고 진지한 경쟁을 거치지 않으면, 사람들은 그것의 합리적 근거를 이해하거나 감지하지 못할 것이고, 결국 그것은 하나의 편견으로 자리 잡을 것이다. 뿐만 아니라 그 견해 자체의 의미가 희미해지거나 사라질 위험, 그리고 그것이 사람들의 성격과 행위에 미칠 법한 필수적인 영향이 제거될 위험이 있다. 따라서 그 독단적인 주장은 단지 무익하고 형식적인 고백에 그칠 뿐이고, 경험으로부터 진정한 확신이 자라나지 못하도록 방해한다.

+ 『자유론』

개요를 파악하라

책이나 논문을 읽기 시작할 때 방향감각을 잡는 한 가지 방법은, 전체의 개요를 파악하는 것이다. 책의 경우 제목이 좋은 길잡이가 될 것이다. 제목은 책의 중심주제에 관한 힌트를 담고 있다. 그리고 논문의 경우에도 제목에 중심주제와 저자의 전반적인 시각이 담겨 있기 마련이다. 윌러드 콰인의 『경험주의의 두 가지 독단*Two Dogmas of Empiricism*』(1950)을 예로 들어보자. 이 제목에는 저자가 두 가지 요소를 공격하고 있다는 사실이 드러나 있다. 즉 저자는 제목을 통해 지금까지 경험주의에서 두 가지 요소를 의심하지 않은 채 신봉해왔으며, 두 가지 요소가 경험주의의 중심에 자리 잡고 있다고 주장하는 것이다. 그리고 저자는 그것을 '독단*dogma*'으로 규정함으로써 적극적인 문제제기를 시도하고 있다.

그런데 제목들 중에는 의도적으로 정체를 감춘 것도 있다. 『중요한 문제들*Mortal Questions*』(1979)에 수록된 토머스 네이젤의 논문「성적 도착증*Sexual Perversion*」과「박쥐가 된다는 것은 무엇과 같은 것일까?*What is it Like to be a Bat?*」를 비교해보자. 첫 번째 논문의 제목은 내용을 충분히 짐작할 만하다. 논문의 주제가 성적 도착증인 점이 드러나 있기 때문이다(물론 저자인 네이젤은 '도착증'이란 낱말을 도덕적 비판의 맥락에서 쓰지는 않았지만 말이다). 반면 두 번째 논문의 제목은 독자들의 호기심을 자아낸다. 독자들은 철학자인 네이젤이 굳이 저런 문제를 탐구하는 까닭이 무엇인지 궁금해진다. '박쥐가 된다는 것은 무엇과 같은 것일까?'는 알쏭달쏭한 제목이기는 하지만, 그래도 논문의 중심주제에 관한 이정표는 담겨 있다(논문을 계속 읽다 보면 주요 사례를 통해 중심주제가 드러날 것이다).

책의 뒤표지에도 해당 책의 중심주제와 저자의 시각이 간략히 설명되어 있을 수 있다. 책의 머리말도 마찬가지다. 상당수 저자들은 머리말을 통해 주장의 큰 줄기를 부각시키면서 책의 전반적인 내용을 간략히 설명한다. 목차 부분도 무척 유익한 정보원이다. 특히 저자가 각 장의 제목에 신경 쓸 때는 더욱 그렇다. 적어도 목차는 책의 구조를 나타내는 지표일 수 있다. 책과 논문, 각 장의 결론 부분에는 저자의 핵심주장이 되풀이될 때가 많다. 책이나 논문의 본문을 읽기 전에 결론을 먼저 살펴보는 것도 좋다. 철학논문이나 철학서는 추리소설이 아니다. 미리 결론을 안다고 해서 독서의 재미가 반감된다고 여기지 마라. 저자가 어디를 향해 가고 있는지를 미리 알면 전체 구조를 이해하는 데 도움이 된다는 점을 명심하라.

읽을 책에 관한 평가가 어떤지 미리 알아두면, 그 책의 개요를 비판적으로 파악할 수도 있다. 예를 들면, 최근의 철학서에 대한 서평이 실려 있는『철학서 *Philosophical Books*』같은 잡지는 매우 유익한 자료가 될 것이다. 수준 높은 서평에는 해당 책의 중요한 점과 특이한 점, 그리고 핵심구절과 주제가 소개되어 있다. 철학사전에서 저자에 관한 정보를 찾아보는 방법도 좋다. 철학사전에는 대개 철학자들의 주요 저작과 핵심주제가 요약되어 있다. 가능하다면 여러 참고문헌들도 살펴보기 바란다. 참고문헌은 해당 철학자의 저서를 개괄적으로 파악할 수 있는 훌륭한 수단이다.

숲보다 나무에 집착하지 마라

철학 텍스트의 모든 내용을 단번에 이해하지 못해도 괜찮다. 대부분의 철학 텍스트는 내용을 철저하게 이해하려면 몇 번씩 되풀이해서 읽어야 한다. 심지어 그렇게 해도 이해하지 못하는 부분이 남아 있을 수 있다. 텍스트를 처음 읽을 때는 일단 어려운 구절은 대충 훑어보면서 처음부터 끝까지 독파하라. 그런 다음 다시 처음부터 읽어나가면 된다. 처음에는 애매하더라도 두 번째 읽을 때는 더 쉽게 이해할 수 있는 구절이 많을 것이다. 처음부터 모든 내용을 완벽하게 이해하려고 천천히 읽다 보면, 요점을 놓칠 우려가 있다. 우선 텍스트의 개요를 살핀 뒤 어려운 대목은 건너뛰면서 처음부터 끝까지 재빨리 읽어나가는 편이 시간적 측면에서 훨씬 더 효과적이다. 첫 단락과 끝 단락에 주목하라. 앞서 언급했듯이 첫 단락과 끝 단락에는 텍스트의 구조, 전체적인 결론, 주제를 바라보는 저자의 시각 등이 요약되어 있다. 이상의 과정을 마친 다음 다시 텍스트를 꼼꼼하게 읽어라. 모든 내용을 이해하지 못해도 실망할 필요가 없다. 너무 열중한 나머지 피곤해지면 잠시 휴식을 취하는 것이 좋다.

독서의 질이 독서시간보다 훨씬 더 중요하다. 당연한 말이다. 그런데 책상에 오래 앉아 있는 것을 미덕으로 여기는 학생들도 있다. 물론 철학 텍스트를 읽는 데 충분한 시간을 할애할 필요는 있다. 게다가 다른 분야의 텍스트에 비해 철학 텍스트는 읽는 시간이 훨씬 더 오래 걸린다. 그러나 꾸벅꾸벅 졸면서 억지로 붙들고 있는 것보다는 중간에 20분 정도 휴식을 취하는 편이 낫다. 몇몇 유명한 철학자들은 산책을 하면서 사색에 잠기곤 했다. 토머스 홉스는 밖에서 산책하는 동안 떠오른 생각을 기록할 수 있도록 필기구를 갖춘 지팡이를 고안하기도 했다. 독서를 하면서 짬짬이 산책을 하면

심신을 상쾌한 상태로 회복할 수 있으며, 방금 읽은 책의 내용을 다시 곱씹어볼 수도 있다. 산책 외에 달리기나 수영 혹은 체육관에서 하는 운동도 괜찮다.

이정표를 찾아라

훌륭한 저자는 텍스트에 이정표를 심어둘 줄 안다. 텍스트의 각 단락이 어느 방향으로 나아갈지 알려주는 이정표는 대개 단락의 도입부에 등장한다. 예를 들면, 사상검열에 반대한 『자유론』의 저자 존 스튜어트 밀은 결론을 뒷받침하기 위해 네 가지 주장을 펼친다. 그는 『자유론』(펭귄 판, p. 77)의 어느 단락을 다음과 같은 문장으로 시작한다.

> **첫째, 당국이 억압하려고 시도하는 의견은 참일 가능성이 있다. 물론 그것을 억압하고자 하는 자들은 그 점을 부정하지만 그들은 오류를 범하지 않는 존재가 아니다.**

이 두 문장에는 저자인 밀이 다음 몇 페이지에서 상세히 설명하고 옹호할 주요 논점이 요약되어 있다. 그는 표현의 자유를 억압하려는 자들이 주장하는 무오류성을 공격하겠다는 신호를 보냈다. 따라서 독자들은 앞으로 펼쳐질 내용을 비교적 쉽게 이해할 수 있다. 이와 같은 이정표가 없으면 독자들이 뒷부분의 내용을 이해하기 어려울 수 있다. 이런 이정표에 해당하는 문장에 밑줄을 그어두는 방법도 괜찮다. 왜냐하면 이정표는 저자가 갖고 있는 견해의 짜임새를 드러내기 때문이다.

학습 tip 유달리 이해가 잘되고 매끄럽게 읽히는 철학 텍스트를 접할 때마다 그 비결을 분석하라. 그렇게 분석해 파악한 비결을 나중에 직접 글을 쓸 때 응용하라. 인상적인 구절을 골라 본보기로 삼는 것도 유용한 방법이다.

주어진 사례의 요점을 파악하라

철학의 재미 가운데 하나는 철학자들이 주장을 펼치면서 제시하는 여러 사례들을 만나는 것이다. 대니얼 데닛, 토머스 네이젤, 로버트 노직, 존 설, 버나드 윌리엄스 경 같은 철학자들은 무척 다양한 사례들을 제시한다. 그런데 텍스트를 처음 읽다 보면 거기에 실린 사례가 어떤 역할을 하는지, 저자가 그것을 통해 과연 무엇을 입증하려는 것인지 감을 잡을 수 없을 때가 있다. 예를 들면, 로버트 노직은 『아나키에서 유토피아로 *Anarchy, State and Utopia*』(1974)에서 다음과 같은 사례를 인용한다.

> 당신이 원하는 모든 경험을 제공할 수 있는 경험기계가 있다고 가정해보자. 신경심리학자들이 경험기계로 뇌를 자극해 마치 당신이 인기소설을 쓰거나 친구를 사귀거나 재미있는 책을 읽는 듯한 생각과 느낌이 들도록 유도한다. 그러는 동안 당신은 뇌에 전극을 부착한 채 물탱크 안에 둥둥 떠 있다. 과연 당신은 이 경험기계에 플러그를 꽂고 삶의 경험을 하나의 프로그램처럼 미리 편성할 것인가?
>
> ✦ 로버트 노직, 『아나키에서 유토피아로』, p. 42

어떤가? 이 구절을 읽을 때 공상과학소설을 읽는 느낌이 들 것이다. 독자는 이 대목을 읽으면서 자신이 바라는 일을 상상 속에서 경험해볼 수 있는 기계가 정말 있다면 어떨까 하는 생각에 빠지기 쉽고, 그 때문에 저자가 제시한 사례의 요점을 놓칠 수 있다. 아마 이 대목을 읽은 많은 학생들은 저자가 말하려는 요점을 제대로 설명하기 어려울 것이다. (노직은 경험기계를 이용한 사고실험을 통해 대다수 사람들의 경우 자기 내면에서 감지하는 삶의 느낌보다 더 중요한 요소가 있다는 점을 입증하려고 한다. 예를 들면, 사람들이 대면하고 싶어 하는 것은 환상이 아니라 현실이다.) 철학 텍스트에서 사례를 만날 때마다 저자가 전달하려는 요점을 정확히 간파하도록 하라. 그저 의식의 흐름에 맡긴 채 중심주제와 별로 상관없는 내용에 이끌리면 곤란하다.

철학사전에서 핵심어를 찾아라

철학 텍스트에 여러 차례 등장하는 핵심어의 의미를 반드시 이해해야 한다. 철학적 맥락에서 물리주의physicalism라는 용어가 어떤 의미로 쓰이는지 알지 못하면, 물리주의에 관한 논문을 이해하기 어렵다. 물리주의는 정신을 비물리적 대상이 아니라 물리적 대상으로 바라보는 이론이다. 핵심어들의 의미는 철학사전으로 해결하면 된다. 그렇다고 의미를 확실하게 알지 못하는 모든 단어를 일일이 찾아볼 필요는 없다. 그렇게 사전을 들추다보면 독서의 능률이 오르지 않는다. 그러나 동일한 단어나 구절이 계속 등장하면 사전을 통해 의미를 확인해야 한다.

일반적인 어휘의 의미를 파악하는 데는 일반사전도 괜찮지만, 철학 텍스트를 읽을 때는 철학사전이 유익하다. 관련 주제와 핵심용어를 개괄적으로 설명해놓은 입문서도 도움이 될 것이다. 철학자들은 우리에게 익숙한 단어를 익숙하지 않은 방식으로, 혹은 좁은 의미로 쓰곤 한다. 익숙한 단어가 특별한 의미로 쓰이는 철학 텍스트를 읽을 때는 일반사전이 쓸모 없을 수도 있다. 철학자들은 철학적 맥락에서 특별한 의미로 쓰기 위해 고안한 전문용어를 자주 사용한다. 예를 들면, 심리철학에서 '상호 영향론interactionism'은 마음과 신체가 서로 영향을 주고받는다는 이론을 가리키는 용어다. 철학사전에는 이런 용어가 설명되어 있겠지만, 일반사전에는 설명되어 있지 않을 수도 있다.

철학적·논리적 사고를 배우기 위해서는 각 주제에서 자주 쓰이는 어휘를 효과적으로 이해하고 구사할 수 있어야 한다. 철학 텍스트를 읽는 데 어려움을 느끼는 학생들이 있는데, 그것은 해당 주제의 어휘를 제대로 익히지 못했기 때문일 수 있다. 앞으로 철학 자를 꿈꾸는 사람이라면 일찌감치 철학 용어에 익숙해지는 편이 좋 다. 그렇게 해야 철학 텍스트를 통해 만나는 정보를 제대로 평가하 고 흡수할 수 있다. 철학 관련 어휘를 확실히 파악하지 못하면, 다 양한 철학 주제들을 제대로 이해할 수 없을 것이다.

철학에 사용되는 용어들

철학 텍스트를 읽기 어려운 이유는 철학자들이 종종 외래어를 쓰기 때문이기도 하다. 때로는 굳이 필요하지 않은 경우에도 외래어를 사용하는 경우가 있다. 철학 관련 저작을 쓸 때는 되도록 외래어 대 신에 표준 영어를 쓰는 것이 좋다. 하지만 몇몇 외래어들은 전문 철 학용어로 쓰이는데, 그 덕분에 표준 영어로 길게 풀어서 설명하는 수고를 줄일 수 있다. 다음은 비교적 자주 쓰이는 용어들이다.

a posteriori : 후험적. 문자 그대로 '이후에 오는 것.' 후험적 지식은 선험적*a priori* 지식과는 반대로 경험을 통해서만 획득되고 확인될 수 있다. 예를 들면, "해럴드 왕은 헤이스팅스 전투에서 전사했다"는 후험적 지식이다.

a priori : 선험적. 글자 그대로 '이전에 오는 것.' 선험적 지식은 오감의 사용에 좌우되지 않는 지식이다. 감각은 우리가 선험적 진리를 배우는 과정에서 관련되겠지만, 감각에 의한 증거가 그것의 진실성을 보장하지는 않는다. 선험적 지식은 후험적 지식과 대비된다. 수학적 진리는 일반적으로 선험적 진리의 전형적인 사례로 통한다. 우리가 2+3=5라는 사실을 아는 것은 2에 3을 여러 번 더한 뒤 5라는 결과를 반복적으로 확인했기 때문이 아니라 그런 식의 경험과는 무관하게 알고 있는 것이다.

ad hominem : 대인對人. 글자 그대로 '사람에게.' 예를 들어 '*ad hominem* move in argument'는 주장 자체가 아니라 그 주장을 펼치는 사람을 겨냥해 비판하는 것을 가리킨다. 이것은 비합리적인 방법이다. 왜냐하면 주장 대신에 사람을 공격하면 그 사람의 주장은 아무런 타격을 입지 않기 때문이다. '*ad hominem*'에는 첫 번째 용례보다는 보기 드문 두 번째 용례도 있다. 이것은 상대의 주장이 상대와 모순을 이루고 있는 경우를 가리키는 말이다

(이 방법은 일관성에 대한 전적으로 타당한 호소이다).

akrasia : 의지박약.

Angst : 불안이나 괴로움. 삶에 대한 불편한 감정.

cogito : 문자 그대로 '나는 생각한다.' '나는 생각한다. 고로 나는 존재한다*cogito ergo sum*'의 줄임말로 데카르트의 『명상록*Meditations*』에 나오는 표현이다.

de facto : 사실상. 법이나 원칙에 의해 확립되지는 않았지만 어떤 것이 실제로 존재한다는 뜻.

de jure : *de facto*와 달리 법이나 원칙에 따라 확립되어 있다는 뜻. *de iure*로 쓸 때도 있다.

elenchus : 대화법. 소크라테스가 흔히 사람들이 얼마나 무지한지를 보여주기 위해 던진 일련의 질문.

eudaimonia : 흔히 '행복'으로 번역되지만, 아리스토텔레스가 사용한 이 그리스어의 더욱 정확한 번역어는 '번영*flourishing*' 이다. 일시적인 감정이 아닌 지속적인 상태를 가리킨다.

ex nihilo : 무無에서. 예를 들어 "God created the universe *ex nihilo*"는 "하느님이 무에서 천지를 창조하셨다"라는 뜻이다.

ibid. : 거기에, 같은 곳에. 각주에서 동일한 참조사항을 여러 번 되풀이하지 않기 위해 쓰는 용어. 첫 번째 참조사항이 'Descartes,

Meditations(Penguin edn, p. 45)'인 경우 그것을 같은 책에서 다시 인용할 때는 예를 들어 'ibid., p. 33'이나 'ibid., p. 46' 같은 식으로 표시할 수 있다.

idem : 앞과 같이.

modus ponens : 긍정 논법. 다음과 같은 형태의 논증을 위한 전문용어인 '전건 긍정affirming the antecedent'을 가리킬 때 쓰는 라틴어.

만약 p라면 q다.

p이다

따라서 q다.

modus tollens : 부정 논법. 다음과 같은 형태의 논증을 위한 전문용어인 '후건 부정denying the consequent'을 가리킬 때 쓰는 라틴어

만약 p라면 q다.

q가 아니다

따라서 p가 아니다.

per se : 자체적으로는, 즉 본질적으로는.

post hoc ergo propter hoc : 문자 그대로 '이 때문에, 따라서 이 때문에.' 특정한 사건 뒤에 일어나는 모든 사건은 반드시 그것의 결과임에 틀림없다고 가정하는 잘못된 형태의 추론을 가리킬 때 쓰는 표현이다.

prima facie : 처음에 진실로 여겨지는. 나중에 거짓으로 드러날지라도 얼핏 보면.

*quod erat demonstrandum*혹은*QED* : 증명 끝. '그것은 증명되었어야 했다'는 뜻으로 문제의 증명 끝에 쓴다.

reductio ad absurdum : 귀류법歸謬法. 글자 그대로 '오류로의 귀착'. 즉 어떤 것을 진실로 가정한 뒤 곧장 그것이 모순으로 귀결됨을 보여주는 논증 형태.

summum bonum: 최고선.

tabula rasa : 정해진 의견이 없는 상태. 문자 그대로 '빈 서판', 즉 인간이 태어날 때와 같은 백지상태의 마음으로. 존 로크가 이 용어를 사용했다.

Weltanschauung: 세계관.

Zeitgeist: 시대정신.

적극적으로 듣기

가장 이상적인 습관은 강의에 집중하면서도 지나치게 긴장하지 않는 것이다. 강의 내용을 일방적으로 받아들이지 말고 비판적으로 수용하라. 설령 강의 내용을 알아듣지 못해도 너무 안타까워하지 말기 바란다.

공식 강의

강의의 성공은 교수의 강의 기술에 달렸다. 그러나 이는 청중의 듣기 능력에 달린 문제이기도 하다. 철학에 갓 입문한 학생들에게 철학 관련 수업은 어렵게 느껴질 수 있다. 대다수 학생들은 제대로 집중하지 못하고, 용케 집중을 한다 해도 전체적인 맥을 놓쳐버리기 일쑤다. 어떤 학생들은 강의 내용을 모조리 노트에 적어댄다. 하지만 나중에 다시 읽어봐도 무슨 말인지 하나도 모른다. 학생들은 교수가 구사하는 전문용어를 이해하지 못한 채 눈만 껌벅이면서 강의실을 나오고, 다른 사람에게 강의 내용을 간략하게 설명하지도 못한다. 노트를 다시 들여다본들 괴상한 낱말로 이뤄진 낙서에 밑줄만 그어놨을 뿐이다. 열심히 밑줄은 그어놨지만 무엇이 중요한지 알 수 없고, 강의를 들었는지 꿈을 꾸었는지 헷갈린다.

철학 강의를 따라잡기 힘든 데는 몇 가지 이유가 있다. 첫째, 대부분의 학문 분야와 달리 철학에는 배워야 할 사실의 양이 비교적 적고, 학생들이 배울 필요가 있는 사실은 대부분 책이나 논문에 실려 있다. 그러므로 철학 강의시간에 다량의 사실적 정보를 그대로 베껴 쓸 필요가 없는 것이다. 대부분의 철학자들은 특정 주제에 대한 우리의 이해도를 높이는 것을 목적으로 삼는다. 따라서 요점을 설명하고 예증하는 데 많은 시간을 할애한다. 철학 교수들이 학생들에게 상세한 사실적 정보를 전달하기를 바란다면, 인쇄물을 배포하거나 칠판이나 영사기를 활용할 것이다. 아마 역사학이나 생물학 같은 사실 중심의 학문을 전공하는 학생들은 철학 강의에 적응하기 힘들 것이다. 대부분의 철학 교수들은 강의시간에 학생들이 <u>스스로</u> 생각하고, 강의실 밖에서도 사색에 잠기며, 책과 논문을 읽고, 토론하도록 유도하려고 한다. 이상적으로 볼 때 학생들은 강의시간에 다룬 주제를 더욱더 깊이 이해한 채, 그리고 그것에 관해 더 많은 진리를 발견하려는 강력한 동기를 지닌 채 강의실을 나서야 한다. 훌륭한 교수는 학생들에게 강의주제에 관한 최고의 책과 논문을 추천해줄 것이고, 각각의 책과 논문에 담긴 저자의 시각을 알려줄 것이다.

듣기 tip   책이나 논문을 읽을 때와 마찬가지로 강의에 등장하는 사례들의 요점을 파악하라.

철학 강의를 이해하기 어렵게 만드는 철학의 두 번째 특징은, 그것이 주로 추상적 차원에서 이뤄지기 때문이다. 예를 들어 철학자들은 특정 영상물을 검열하는 행위가 옳은지 그른지를 따지는 문제보다 "검열은 항상 잘못인가?"라거나 "검열을 수용할 만한 근거는 무엇인가?" 같은 보다 일반적인 질문에 관심이 있다. 구체적인 사례들은 일반론을 예증할 때나 일반론에 맞서는 반례를 제시할 때 쓰이는데, 철학 강의를 처음 듣는 학생들 입장에서는 추상적인 일반론과 구체적인 사례 사이의 관계를 이해하기가 어려울 수 있다.

강의 내용을 따라잡는 차원에서 필기를 하는 것이 효과적일 때가 많다. 강의가 끝난 뒤에 필기한 것을 버리기도 하지만, 그렇다 하더라도 주의가 산만해지고 졸리기 시작할 때 필기를 하면 강의 내용에 주목하고 전반적인 요점을 상기하는 데 도움이 된다.

논증에 주목하라

또 하나 강조할 만한 철학의 특징은, 철학이 논증에 의존한다는 점이다. 여기서 논증이란 단순한 논쟁이 아니라 결론을 유도하기 위해 이유와 증거를 제시하며 주장을 펼치는 것을 의미한다. 어떤 논증이 결론에 도달하기 위해서는 일정한 단계를 거쳐야 한다. 중간에 주의가 산만해져서 단 하나의 단계라도 놓치면, 전제에서 결론이 유도되는 과정을 이해하기 어렵다. 철학 교수들이 논증에 착수할 때 학생들은 추론과정의 각 단계를 놓치지 않고 따라가야 한다. 추론과정을 지켜보면서 필기하는 방법도 좋다.

물론 교수가 제대로 준비하지 못했거나 장황한 설명으로 일관하면 강의를 따라가기가 힘들 수 있다. 그러나 학생들이 강의를 따라가기 힘든 것은 대체로 철학 과목의 특징과 관련해 앞서 언급한 다른 이유들 때문이다.

다음은 철학 강의를 효과적으로 들을 수 있는 방법이다.

집중하라

당연한 말처럼 들릴지 모르지만, 밤을 꼬박 새운 뒤 아침 수업에 출석해 수업 내용을 모조리 이해하겠다는 꿈은 꾸지 말기 바란다. 어떤 학생들은 수업시간에 맞춰 출석해 강의를 듣고 필기를 하면, 그것으로 족하다고 여긴다. 그러나 천만의 말씀이다. 바이올린을 연주하는 소리를 듣거나 위대한 연주자에 관해 이야기를 나누는 것만으로는 바이올린을 배울 수 없다. 바이올린을 배우려면 직접 연주법을 익혀야 한다. 철학 강의도 마찬가지다. 다른 철학자들의 사상을 아는 것도 중요하지만, 철학적 사고를 배우는 것이 더 중요하다.

필자의 조언을 귀담아 듣고 철학을 하나의 활동으로서 공부하면, 그리고 자신을 그저 강의를 통해 다량의 정보만을 흡수하는 수동적 존재로 여기지 않는다면, 교수의 강의 내용과 활발히 상호작용하는 일정한 수준의 에너지가 필요하다는 점을 인식하게 될 것이다. 특히 이제 막 자신의 위치를 깨닫고 있는 학생들에게는 강의 내용과의 적극적인 상호작용은 꽤 벅찬 일이다. 다행히 대부분의 활동들과 마찬가지로, 철학 강의를 듣는 것도 습관이 중요하다. 이는 자동차 운전을 배우는 경우와 같다. 처음에는 자동차 운전이 무척 어렵게 보이지만, 1년이나 2년이 지나면 어느새 자연스럽게 운전을 하게 된다. 하지만 나쁜 습관에 익숙해지면, 거기서 벗어나기가 힘들 수 있다. 가장 이상적인 습관은 강의에 집중하면서도 지나치게 긴장하지 않는 것이다. 강의 내용을 일방적으로 받아들이지 말고 비판적으로 수용하라. 설령 강의 내용을 알아듣지 못해도 너무 안타까워하지 말기 바란다.

강의에 집중하려고 마음 먹고 교사를 향해 시선을 고정하고 귀를 활짝 열어둔 채 강의를 경청하는 역할에 너무 충실한 학생은 결국 아무것도 듣지 못하고 만다.

+ 장 폴 사르트르, 『존재와 무_Being and Nothingness_』

미리 준비하라

어떤 강의에서는 교수가 필독서 목록을 알려줄 것이다. 필독서는 강의를 제대로 따라가려면 반드시 읽어야 할 책들이다. 물론 필독서 목록이 없을 때도 강의를 들을 준비는 필요하다. 우선 강의주제에 관한 개략적인 정보를 파악하는 방법이 있다. 대부분의 교수들은 개략적인 강의정보를 담은 강의계획서를 제공한다. 일반적으로 여기에는 미리 읽어둘 책이나 논문이 포함된다.

강의주제에 관한 개략적인 정보를 파악하는 또 다른 방법은, 이 책의 말미에 나오는 것 같은 몇 권의 철학사전이나 철학백과사전에서 강의주제에 관한 표제어를 읽는 것이다. 예를 들어, 이제 막 회의론에 관한 강의가 시작되었는데 필독서가 정해져 있지 않다면, 철학사전에서 '회의론'과 관련한 표제어를 살펴보고 나서, 시간이 된다면 『루틀리지 철학백과사전*Routledge Encyclopedia of Philosophy*』에서 더 자세한 자료를 찾아볼 수 있다. 물론 일반적인 철학 입문서를 참고해도 된다. 철학 입문서는 지금 듣고 있는 강의의 주제가 중요한 까닭, 몇 가지 핵심용어들의 의미, 강의주제의 철학적 중요성 등을 파악하는 데 도움이 된다. 이런 식으로 10분에서 15분 정도 시간을 투자해 준비하면, 강의를 들을 때 헤매거나 지루해하지 않을 수 있다.

강의 듣기 전의 또 다른 준비방법은 지난 강의 때 필기한 내용을 다시 살펴보는 것이다. 대부분의 교수들은 강의를 일관성 있게 연결하여 진행한다. 교수들은 학생들이 지난 강의의 요점을 기

억하기를 바란다. 그리고 몇 가지 세부사항들을 매개로 삼아 현재
의 강의와 이전의 강의를 연결한다.

강의주제에 관한 책이나 글을 읽는 방법도 있다. 이때 필독
서 목록이나 강의계획서가 도움이 될 것이다. 미리 읽으면서 모든
내용을 이해하지 못해도 괜찮다. 나중에 강의를 들으면 더욱더 쉽
게 이해할 수 있을 것이다. 물론 강의주제에 관한 글이나 책을 미리
읽었다고 해서 그것에 관한 모든 걸 알고 있으니까 굳이 강의를 자
세히 들을 필요가 없다고 자만하면 안 된다. 교수가 강의를 통해 말
하고자 하는 바를 이미 정확하게 알고 있다고 성급히 자신만만해하
면, 강의주제에 관한 해석과 비판에 담긴 미묘한 차이를 놓칠 우려
가 있다.

강의에서 다룰 내용을 미리 세미나에서 다뤄보는 방법도 있
다. 세미나를 이용할 수 없으면 동료 학생들과 토론모임을 만들어
도 된다. 어떤 쟁점이나 사상가를 다른 사람에게 직접 설명해보면
그 쟁점이나 사상가를 확실히 이해하는 데 도움이 된다. 특정 주제
를 심층적으로 이해하는 가장 좋은 방법 가운데 하나는 그것을 다
른 사람, 즉 특정 주제에 대한 사전지식은 별로 없지만 날카로운 질
문을 던질 소양이 있는 사람에게 가르치는 것이다. 사실 많은 교수
들은 사전지식은 거의 없지만 똑똑한 학생들에게 철학의 특정 측면

을 명확하게 설명해야 할 때 얼마나 자신이 그것에 대해 무지한지를 깨닫곤 한다. 철학적 개념을 논하고, 동료 학생들에게 설명하는 것은 철학적 개념에 대한 이해도를 높이는 데 도움이 되고, 자신의 철학적 이해도의 한계를 깨닫는 계기가 된다.

교수가 제공하는 메뉴판에 주목하라

결혼식이나 공식적인 모임에 가면 식사에 어떤 음식이 제공되는지 알려주는 메뉴판이 준비되어 있다. 메뉴판은 여러 모로 유익하다. 메뉴판은 앞으로 먹을 음식뿐 아니라 얼마나 다양한 코스요리가 있는지도 알려준다. 메뉴판을 이용하지 않으면, 즉 앞으로 먹을 음식이 무엇인지, 그리고 얼마나 많은 코스요리가 있는지 정확하게 알지 못하면, 앞으로 먹을 것이 주요리인지 아니면 에피타이저인지 알 수가 없다.

교수들은 강의를 시작하면서 학생들에게 일종의 메뉴판을 제시할 것이다. 강의 개요를 설명하면서 앞으로 다루게 될 주제들을 알려주고, 강의에서 다루게 될 여러 주제들의 상대적 중요성에 관한 힌트도 일러줄 것이다. 교수가 제공하는 메뉴판에 주목하라. 그리고 되도록이면 강의 도중에 쏟아지는 다양한 '코스'를 꼼꼼하게 필기하라. 필기는 복습을 위한 것이기도 하지만, 원래의 목적은 강의 내용을 더욱더 쉽게 이해하는 데 있다.

적극적으로 토론하기

토론은 철학 교육에서 특히 중요한 요소다. 우리는 토론을 통해 새로운 견해를 만나고, 의사를 명확하게 표현하며, 대안을 모색하고, 사고력을 향상시킨다. 반론을 접하고 그것을 재반박하는 과정을 거치면서 자신의 견해를 분명하게 정리할 수 있다.

토론, 논증, 탐구

토론은 철학 교육에서 특히 중요한 요소다. 우리는 토론을 통해 새로운 견해를 만나고, 의사를 명확하게 표현하며, 대안을 모색하고, 사고력을 향상시킨다. 반론을 접하고 그것을 재반박하는 과정을 거치면서 자신의 견해를 분명하게 정리할 수 있다. 또한 철학 토론은 하나의 자극제이자 강력한 청량제로도 작용할 수 있다.

철학 토론은 대체로 비공식 토론회, 대학의 개별 지도시간, 세미나, 질의응답시간 등에서 참가자들이 얼굴을 서로 마주한 채 이뤄진다. 과거에는 편지교환을 통한 토론도 중요한 역할을 했지만, 현대의 철학자들은 편지보다는 인터넷을 선호할 것이다.

편지나 이메일을 이용한 '비동시적' 토론과 달리 현장에서 얼굴을 맞대고 진행되는 '실시간' 토론은 장점이 많다. 실시간 토론 특유의 지적 에너지와 신속한 반응은 생각에 집중하고 불필요한 노력을 줄이는 효과가 있다. 교수들이나 동료 학생들을 상대로 직접 철학 토론을 해보면, 그 진가를 충분히 느낄 수 있을 것이다. 어떤 사안을 확실히 이해하고 있다고 자부하는 사람도 직접 상대의 비판에 맞서 자신의 입장을 진술하고 변호해보면, 자신의 부족한 점을 절실히 깨닫게 된다. 물론 인터넷을 이용한 철학 토론도 나름의 가치가 있다. 하지만 비동시적으로 이뤄지는 경우라면, 인터넷 토론은 토론기술보다는 문장력 향상에 더 도움이 될 것이다.

학생의 입장에서 노련한 철학자의 철학적 사고를 직접 목격하는 것은 엄청난 행운이다. 철학 전문가가 개념을 탐색하고 상대의 약점을 찾아내고 비판에 맞서 자신의 견해를 옹호하는 모습을 직접 지켜보는 것만으로도 값진 공부가 될 수 있다. 철학의 특정 분야에 관해 배울 수 있는 가장 효과적인 방법은 그 분야를 철저하게 이해하고 있는 사람, 그리고 무엇이 정말 중요한지를 아는 사람과 직접 토론해보는 것이다. 나보다 훨씬 뛰어난 전문 철학자를 상대로 토론하면 토론의 주제에 관한 글이나 책을 더 많이 읽고 싶은 욕구가 생길 것이다. 특정 주제를 향한 철학자들의 뜨거운 열정은 학생들의 공부의욕을 부추기는 자극제가 될 수 있다. 철학은 지적인 게임이 아니다. 철학은 우리가 삶에 관해, 우주에서 우리가 차지하는 위치에 관해 던질 수 있는 심오한 질문에 초점을 맞춘다. 철학자들은 많은 사람들이 제기되기를 바라지 않는 거북한 질문, 즉 무사안일complacency과 자기기만을 깨뜨릴 수 있는 질문을 던진다.

대다수의 사람들은 아주 좁은 범위의 관심사를 갖고 살고 있다. 우리는 주택융자금을 어떻게 갚을지, 새 자동차를 사야 할지 말아야 할지, 오늘 저녁식사를 위해 무엇을 요리할지 따위를 고민한다. 철학적으로 사고하기 시작하면 우리는 한걸음 물러나 더 큰 그림을 바라보게 된다. 우리는 그간 당연시했던 것들을 검토하기 시작한다.

내가 볼 때 지금까지 한걸음 물러나본 적이 없는 사람들, 즉 자기 삶을 점검해본 적 없는 사람들은 깊이가 없을 뿐 아니라 위험해 보이기까지 한다. 20세기의 소중한 교훈들 중 하나는, 인간은 아무리 '문명화'되었어도 도덕적 순응주의자라는 점이다. 안타깝게도 우리는 주변 사람들이 제시하는 도덕적 주문을 무비판적으로 따르곤 한다. 나치 독일에서 르완다 사태[1]에 이르기까지 사람들은 지배적 흐름을 맹목적으로 따라만 갔다.

✦ 스티븐 로, 『철학학교*The Philosophy Gym*』

일반인의 눈에는 철학 토론이 부정적으로 비춰질 수 있다. 한 사람이 어떤 요점을 제기하자마자 다른 사람이 그것을 비판한다. 마치 토론 참가자들이 서로의 입장을 깎아내리려는 의도를 갖고 있는 것

---

[1] 1994년에 일어난 대량 학살사건으로 소수지만 지배층인 투치족과 다수지만 피지배계층인 후투족 간의 정권 쟁탈을 둘러싼 갈등이다. 르완다 사태를 악화시킨 결정적 계기는 1994년 4월 후투족 출신의 하비아리마나 대통령이 암살당하면서부터였다.

처럼 보인다. 사실 그렇게 진행되는 토론도 많다. 그것은 특정한 방식의 철학 토론의 특징이다. 토론자들은 의견을 제시하고 비판을 받아들인다. 철학은 세미나실, 인쇄물, 인터넷 등 장소를 가리지 않고 비판과 반박, 공격과 방어를 통해 발전하고 성장한다.

치열한 토론을 처음 경험하는 사람은 개인적으로 공격당하는 느낌이 들지 모른다. 그러나 그럴 필요가 없다. 어떤 주장과 그 주장을 펼치는 사람을 혼동하면 곤란하다. 철학자들이 누군가의 생각을 철학적으로 비판하는 것은 상대를 철학자로서 존중하고 있다는 표시다. 철학 토론의 취지는 진리에 다가가는 것, 비판과 담쌓은 생각에 반대하는 것, 잘못된 생각을 합리적인 견해로 대체하는 것이다. 어떤 주장에 대한 비판은 개인을 겨냥한 잔인한 공격이 아니라 해당 주제의 발전을 꾀하기 위한 필연적인 수단이다.

> 부정적 논리에 대한 비난, 즉 긍정적인 진리를 확립하지 않은 채 특정 이론의 약점이나 실제의 오류를 지적하는 행위에 대한 비난이 오늘날 유행하고 있다. 그런 부정적 논리는 사실 궁극적인 결과로서는 보잘것없을지 모르지만, 명칭에 걸맞은 긍정적인 지식이나 확신을 획득하는 수단으로서는 아무리 높이 평가해도 지나치지 않다.
>
> + 존 스튜어트 밀, 『자유론』

이는 누군가가 반론을 제기할 때마다 우리의 생각을 접어야 한다는 말이 아니다. 다만 반론을 자기 입장의 타당성을 입증하기 위한 일종의 자극제로 삼으라는 말이다.

철학공부는 단순한 말싸움 훈련이 아니다. 그것은 최선을 다해 논쟁에서 이기는 방법을 배우는 것과 관계가 있다. 논쟁의 기술을 배우고 반론에 대처하기 위한 열쇠는 모든 쟁점에서 진리에 더 가까이 다가가는 것이고, 적절한 논증을 바탕으로 자신의 입장을 옹호하는 것이다. 철학적 논증은 수사법에 의존한 설득이 아니라 타당한 근거를 제시하는 것이 중요하다. 그러나 철학 토론이 언제나 찬성과 반대가 부딪히는 논쟁은 아니다. 철학 토론에서는 해석이 따르고, 가능성을 탐색하는 과정도 수반되며, 철학 텍스트에 관한 더욱더 깊이 있는 통찰력과 이해도를 성취하기 위해 함께 협력하는 과정도 필요하다. 때로는 토론의 목적이 사물을 다른 각도에서 살펴보도록 유도하는 것, 어떤 철학자가 특정한 방식으로 주장을 전개하는 까닭을 이해하는 것, 어떤 철학자가 언급한 말의 의미나 그것이 중요한 까닭을 이해하는 것 등이 될 수도 있다. 철학 토론은 흠잡기가 아니다. 철학 토론은 생각의 창의적 교환일 수 있고, 특정 주제를 이해하는 새로운 방식의 탐구일 수 있으며, 기존의 익숙한 사고방식을 새로운 상황에 응용하는 과정일 수 있다.

질문을 하라

철학은 질문을 하더라도 해답을 결코 얻지 못하는 활동으로 볼 수 있다. 이 말은 다소 오해의 소지가 있다. 적어도 우리는 우리가 잘못된 질문을 던지고 있음을 인식할 때 철학에서 발전을 거둘 수 있다. 그러나 철학에는 해답이 없다는 생각에도 어느 정도의 진실은 담겨 있다. 철학의 뿌리는 인간조건에서 자연스레 제기되는 난해하고 근원적인 문제들이기 때문이다. "우리는 왜 여기 있는가?", "실재란 무엇인가?", "우리는 어떻게 살아야 하는가?"와 같은 이런 질문들은 쉽게 대답할 수 없으며, 정답이란 없을 것 같다. 그렇지만 이런 문제들을 탐구하는 것이 시간낭비라는 말은 아니다.

사실 철학의 가치는 특유의 불확실성에 있다고 볼 수 있다. 철학적 지식이 전혀 없는 사람은 상식이나 습관적 믿음에서 말미암은 선입견 속에 갇혀 있기 마련이다. 그런 사람에게 세상은 명확하고 한정적이고 자명한 것으로 보인다. 익숙한 대상에는 의문을 품지 않고, 낯선 가능성을 거부한다. 이와 반대로 철학적 사고를 하는 사람에게는 아주 일상적인 것도 해답을 알 수 없는 문제로 보인다.

철학은, 비록 우리에게 진정한 해답을 확실하게 알려주지 못하지만, 우리 사고의 폭이 확장되고 우리가 관습의 굴레에서 벗어나게 해줄 수 있다. 철학적으로 사고하면 사물의 본질에 대한 확신이 줄어들지만, 사물의 개연성에 관한 지식은 크게 늘어난다. 철학은 의심의 영역을 여행해본 적 없는 자들의 오만한 독단론을 제거하고, 익숙한 것을 익숙하지 않은 측면에서 보여줌으로써 우리의 호기심을 늘 유지시킨다.

✦ 버트런드 러셀, 『철학의 문제들*The Problems of Philosophy*』

어렵고 골치 아픈 질문을 던질 준비가 되어 있지 않은 학생은 철학을 공부할 자격이 없다. 철학적 토론을 최대한 활용하기 위해서는 황당한 질문도 과감히 던질 줄 알아야 한다. 때로는 가장 간단한 질문이 가장 중요한 질문일 수 있다. 물론 철학 토론에도 예의가 있다. 그러므로 다른 토론자의 발언기회도 보장해주어야 한다. 그러나 스스로 질문을 고안해 던지지 못하는 학생은 철학을 생생한 학문으로 유지할 수 없으며, 사고의 화석화를 초래하는 수동적인 태도에 안주하고 말 것이다.

대화의 기술은 상대에게 말을 들려주는 기술일 뿐 아니라 상대의 말을 듣는 기술이기도 하다.

+ 윌리엄 해즐릿, 『솔직한 연설가 *The Plain Speaker*』에 수록된
「저자들의 대화에 관하여 *On the Conversation of Authors*」

질문을 던질 때마다 상대의 답변을 매우 주의 깊게 경청하라. 이는 누구나 알고 있는 상식일 것이다. 그러나 질문을 던지고 나서 답변을 귀담아듣지 않는 학생들이 의외로 많다. 상대의 답변에 능동적으로 대응할 준비를 갖추는 것도 중요하다. 상대의 답변을 통해 자신이 완전히 잘못 이해하고 있다는 사실이 드러나는 것은 오히려 반길 만한 일이다. 그 점을 알지 못하면, 계속 잘못된 생각을 고집할지 모르기 때문이다. 또한 필기할 만한 점이 없다고 느끼거나 토론에서 귀담아 들을 점이 전혀 없다는 생각을 지닌 채 세미나실을 나서거나 토론을 마치더라도 당황해하지 말기 바란다. 토론 자체가 바로 생각을 정리하고 오해를 해소하는 계기가 되기 때문이다. 적어도 토론은 철학적 질문을 던지는 연습을 하고 사고력을 다지는 기회가 되어야만 한다.

간결하게 말하라

때로는 장황한 질문이나 답변이 이어지면서 토론이 답답하게 진행되는 경우가 있다. 생각을 간결하게 표현하는 것은 사고의 명료성을 보여주는 지표다. 질문을 던질 때 요점을 유지하도록 노력하라. 새로운 개념과 용어를 만나면 요점을 유지하기 어려울 수 있다. 안타깝게도 철학 교수들 중에도 이렇게 하지 못하는 사람들이 있다.

답변도 비교적 짧은 것이 좋다. 답변을 짧게 해야 질문자와 답변자의 효율적인 상호작용이 가능하다. 철학 토론의 취지는 일련의 짧은 강의를 진행하려는 것이 아니라 주장을 명료화하고 비판하고 다듬는 것, 그리고 주제를 이해하는 것이다. 실시간 토론의 장점은 이와 같은 상호작용, 상호발전과 피드백이 있다는 것이다. 이런 장점들을 명심하기 바란다.

적극적으로 글쓰기

철학자들에게 글쓰기는 단지 자신의 생각을 기록하는 행위가 아니라 생각의 바탕을 이루는 적극적인 활동이다. 글쓰기는 일종의 사고과정이다. 글쓰기는 단지 자신이 터득한 지식을 자랑하는 수단이 아니다. 오히려 글쓰기는 어떤 주제에 관해 깊이 생각할 수 있는 능력이다.

글을 써라

졸업이나 시험을 준비하기 위해 철학을 공부하는 학생은 기본적으로 글쓰기를 기준으로 평가받게 될 것이다. 학생들은 과제물과 시험 답안지에서 철학적 쟁점과 주요 철학자들에 관한 이해도와 통찰력을 드러내야 하고, 주요 쟁점과 사상가들에 관한 지식과 이해도를 입증하면서 결론을 주장해야 한다. 대부분의 사람들은 철학적 글쓰기를 통해 철학적 사고를 배운다. 그러므로 글쓰기는 철학적 능력을 증명하는 수단일 뿐 아니라 철학적 능력을 다듬는 수단이기도 하다. 철학자들에게 글쓰기는 단지 자신의 생각을 기록하는 행위가 아니라 생각의 바탕을 이루는 적극적인 활동이다. 글쓰기는 일종의 사고과정이다. 글쓰기는 단지 자신이 터득한 지식을 자랑하는 수단이 아니다. 오히려 글쓰기는 어떤 주제에 관해 깊이 생각할 수 있는 능력이다. 흔히 학생들은 어떤 주제에 관해 글을 써보고 나서야 비로소 그것을 얼마나 이해하지 못했는지 깨닫게 된다.

철학적 글쓰기를 시도하지 않고도 철학을 공부할 수는 있다. 하지만 토론을 경험하지 않은 채 철학을 공부하는 경우와 마찬가지로 그리 추천할 만한 방법이 아니다. 물론 어떤 주제를 철저하고 명확하게 이해하고 있다고 장담할 수는 있다. 논증이 완벽하다고 자부할 수도 있다. 그러나 직접 철학 논술을 써보면, 자신의 한계를 절실히 느낄 것이다. 논술을 작성해보면 자신이 얼마나 무지한지, 그리고 자신의 견해가 반론과 반례에 얼마나 취약한지를 알 수 있을 것이다. 논술 쓰기는 철학 교육의 핵심인 전이 가능한 기술을 가다듬는 과정의 일환이기도 하다. 물론 논술은 교수들이 학생들에게 성취도, 추론, 착상 등에 관한 피드백을 제공하는 기회이기도 하다. 그런 피드백을 통해 학생들은 해당 주제를 둘러싼 더욱더 날카로운 통찰력을 얻을 수도 있다.

문제를 분석하라

대부분의 철학 리포트나 시험에 나오는 문제들은 세 가지 종류로 구분할 수 있다.

1. 요약하고 비판적으로 논술하기

2. 여러 이론들을 비교하기: 여기에는 흔히 어느 이론이 가장 타당한
   지 평가하라는 주문이 따른다.

3. 이론들을 새로운 상황이나 사례에 응용하기

답안을 작성하기 전에 주어진 문제를 분석하고 출제자가 어떤 답안
을 기대하는지를 파악하는 것이 중요하다.

요약 및 비판적 논술형 문제

보기 ■ 공리주의란 무엇인가? 공리주의는 도덕성을 적절하게 설명하는가?

   ■ 존 롤스가 말하는 '원초적 입장the original position'(『정의론*A Theory of Ju-
   stice*』)의 의미는 무엇인가? 원초적 입장이 그의 이론에서 차지하는
   역할을 비판적으로 분석하라.

   ■ 심리철학에서 기능심리학의 핵심 주장을 비판적으로 서술하라.

   ■ "한 구획의 땅에 울타리를 치고 나서 '여기는 내 땅이다'라고 최초

로 말하기로 생각하고, 그 말을 곧이곧대로 믿을 정도로 유순한 사
람들을 발견한 사람이 바로 문명사회의 진정한 창시자였다.”(장 자
크 루소) 이 말을 비판적으로 논술하라.

- 인류 원리anthropic principle란 무엇인가? 이것이 신의 존재에 관한 질
  문에 어떤 통찰력을 제공하는가?

- 제도이론institutional theory은 ‘예술이란 무엇인가?’라는 질문에 답할
  수 있는가?

철학 리포트나 시험에서 가장 보편적인 문제유형은 요약과 비판적
논술을 합쳐놓은 것이다. 이때는 (명시적이든 묵시적이든 간에) 주장이
나 견해를 간략하게 서술하고 비판해야 한다. 경우에 따라 문제의
두 가지 부분을 ‘a(요약)’와 ‘b(비판적 논술)’로 나눌 때도 있지만,
대개는 하나의 문제로 묶어 출제된다. 심지어 특정 철학자의 사상
을 해석하라는 문제처럼 보일 때도 그 철학자의 사상은 물론 다른
철학자들의 평가까지 비판적으로 논술하라는 뜻이 담겨 있다. 이런
문제유형에 대한 최고의 해답은 요약한 주장이나 견해를 평가하면
서 명확한 결론을 도출하는 것이다. 우선 독창적 사례를 인용하면
서 주장이나 견해를 명확하게 요약해야 한다. 그런 다음 그 주장이
나 견해를 비판적으로 논술해야 한다. 비판적 논술은 반론이 아니

다. 비판적 논술은 합리적 추론을 통한 논증이어야 한다. 비판적 논술은 자신의 논증에 대한 반론을 예상하고 기꺼이 받아들이는 주장이어야 한다. 이런 유형의 문제에 대한 답안을 채점할 때 채점자들은 대부분 비판적 논술 부분에 가장 많은 점수를 배당한다.

비교형 문제

보기

- 이원론이 기능주의보다 주관적 경험을 더 효과적으로 설명하는가?
- 약속 이행에 대하여 공리주의적 접근법과 의무론적 접근법을 비교 설명하라.
- 신생아의 의식은 백지상태인가? 아니면 인간에게 타고난 지식이 있는가?
- 도덕론은 공리주의보다 도덕성을 더 효과적으로 설명하는가?
- "부당하게 연장된 삶은 부당하게 중단된 삶만큼 비극적 오류일 수 있다."(조엘 파인버그) 이 말을 비판적으로 논술하라.
- 처벌에 대한 결과론적 접근법과 의무론적 접근법을 비교 설명하라.

비교형 문제는 답안을 제대로 작성하기가 만만찮을 수 있다. 어떤 이론들이나 철학자들을 항목별로 비교해야 할지, 아니면 한 가지 입장을 요약한 뒤 다른 입장과 비교해야 할지 결정하기가 어렵기 때문이다. 따라서 답안을 작성하기 전에 전체적인 짜임새를 세심하게 결정할 필요가 있다. 다른 유형의 문제와 마찬가지로 비교형 문제도 단지 양쪽 견해를 나열하는 데 그치지 않고 합리적 추론을 통해 뚜렷한 결론에 도달하는 것이 중요하다.

응용형 문제

보기 ▪ 규범윤리학자는 대리모의 도덕적 수용가능성을 어떻게 평가할까?

  ▪ 『자유론』에서 밀이 전개한 주장은 인터넷 검열의 정당성 문제를 따질 때 도움이 될 수 있을까?

  ▪ 살인이 진정한 예술작품일 수 있을까?

  ▪ 희귀식물은 권리를 가질 수 있을까?

응용형 문제는 학생들이 기존의 이론을 새로운 상황에 적용하는 능력을 평가하는 것이다. 응용형 문제는 학생들 입장에서 그 이론을 얼마나 깊이 이해하고 있는지를 보여주는 기회가 된다. 이론의 핵심을 충분히 파악하지 못하면 응용형 문제를 제대로 해결할 수 없다. 가끔 출제자들은 학생들이 미리 준비한 해답을 쓰지 않도록 독창적 사고를 유도하기 위해 의도적으로 애매하거나 이상한 사례를 제시한다. 응용형 문제를 풀기 위해서는 창의력이 필요하다. 모쪼록 응용형 문제의 특성을 미리 파악하여 실전에서 당황하는 일이 없기를 바란다.

지금까지 설명한 세 가지 문제유형들이 완전히 구별되는 것은 아니다. 그러나 이 세 가지 유형은 학생들이 출제된 문제의 특징에 맞게 적절한 해답을 찾는 데 도움이 될 것이다.

글쓰기 전에 개요를 작성하라

알다시피 미리 글의 개요를 작성하면 더욱더 논리적인 글을 쓸 수
있다. 논술도 마찬가지다. 설령 글을 쓰는 도중에 바꾸더라도 논술
의 전체적인 개요를 미리 설계해두는 것이 바람직하다. 각 단락의
주제를 중심으로 개략적인 윤곽을 마련하라. 이때 개요를 직접 종
이에 적어놓고 논술을 쓰기 시작해야 효과적으로 작성할 수 있고,
나중에 많은 분량을 삭제하는 일이 없을 것이다. 논술의 개요를 작
성하는 과정 자체가 논술을 설계하는 과정이다. 개요라는 것이 머
릿속에 있는 것을 단순히 종이에 옮겨 적는 것이 아니다. 작성자가
스스로 개요를 작성하기 시작해야 개요가 생기는 것이다.

글쓰기는 빨리 시작할수록 좋다

글쓰기를 통해 주장을 전개하는 과정은 단순히 생각을 옮겨 적는 과정이 아니라 어떤 것을 깊이 고민하는 과정이다. 철학 글쓰기는 어떤 주제를 오랫동안 연구한 뒤 거기서 발견한 점을 글로 표현하는 것과는 다르다. 철학 글쓰기 행위는 자신의 사고를 자극하는 과정, 때로는 쟁점을 명확하게 이해하거나 개념을 확인하기 위해 책과 노트를 다시 참고하는 과정이어야 한다. 되도록 글쓰기 과제를 미루지 말기 바란다. 글쓰기의 초고를 작성하는 과정 자체가 해당 쟁점을 검토하는 방법이 될 수도 있다. 조사가 더 필요하다며 글쓰기를 미루지 말기 바란다. 다소 막연한 느낌이 들어도 일단 글쓰기를 시작하라. 갑자기 좋은 아이디어가 떠오를지 모른다.

양지에 앉아라. 해가 구름 뒤로 지나간다. 시계를 들여다보아라. 초침이 눈금을 언제나 직접 가리키지는 않는다. 그럴 때도 있지만. 아닐 때도 있다. 왜 그럴까? 삶이 얼마나 빨리 지나가는지 직시하라. 일을 시작하라.

+ 니콜슨 베이커

충분한 시간을 할애하여 원고를 수정하라. 수정과정은 대부분의 경우 최종 결과물의 질을 높인다. 가능하다면 초고를 작성한 뒤 며칠 정도 그냥 내버려두어라. 나중에 다시 읽어보면 다른 사람의 글처럼 느껴질 것이고, 어느 부분을 고쳐야 할지 금방 눈에 들어올 것이다.

> **고쳐 쓰기는 쓰기의 일부분이다. 원래의 의도를 초고에서 달성할 수 있을 정도로 뛰어난 작가는 드물다.**
> + 윌리엄 스트렁크 주니어와 E. B. 화이트,
> 『스타일의 원리 *The Element of Style*』

채점자를 의식하라

리포트나 시험 답안지의 채점자가 어떤 유형의 사람인지 분명하게 알아야 한다. 교수들이 과제를 내주는 건 그들이 철학에 관해 이미 알고 있는 것을 학생들에게 배우기 위해서가 아니다. 물론 교수들

76

이 학생들에게 배우는 경우도 있겠지만, 그것은 과제를 내주는 기본 목적이 아니다. 논술시험은 학생들이 해당 주제를 얼마나 이해하는지를 보여주고 수업에서 배운 내용을 종합해 논증하는 능력을 입증하는 기회다. 학생들이 제출한 논술답안지나 과제를 노련한 채점자가 검토한다. 하지만 채점자가 해당 주제에 관한 모든 것을 알고 있다고 생각하지 마라. 채점자가 여러분이 말하고자 하는 내용을 이미 다 알고 있다고 생각해버리면, 답안지에 써넣을 내용이 없어진다. 어차피 채점자가 알고 있는 것이니까 대충 언급하려고 하지 말고, 최선을 다해 설득력 있게 주장을 제시하라.

정확성을 견지하라

주의해야 할 단어들

타당한 valid/true : 철학에서 '타당한'이라는 단어는 일반적으로 어떤 논증의 구조를 묘사할 때 쓰인다. '타당한 논증 valid argument'은 진리보존적truth preserving 구조를 갖는다. 구체적인 예로 전제들이 참true이면 결론도 참일 것이다. 그런데 여러 전제 중에 하나 이상이 거짓이면, 결론이 참일 수도 있고 참이 아닐 수도 있다. '참'이라는 단어는 전제, 주장, 사실, 진술 등과 관련해 쓰인다. 그리고 '참인 논증true argument'이라는 표현은 어색하다. 논증에 대해서는 '타당한'을 써야 한다. 엄격히 말해 '타당한'은 문장이나 진술에 대해 쓰지 말고, 논증에 대해서만 써야 한다.

반박하다/부정하다/부인하다refute/repudiate/deny : 어떤 진술을 반박refute 한다는 것은 그것이 거짓임을 입증하는 것이다. 다시 말해 그것을 제압하는 주장을 전개하는 것이다. 어떤 진술을 부정repudiate 한다는 것은 단지 그것을 부인deny하는 것이다.

모순/대립contradiction/contrary : 하나의 진술이 다른 진술과 모순contradiction 을 이룰 경우에는 둘 다 참이지는 않지만 둘 중 하나는 반드시 참이다. 하나는 다른 하나를 부정하는 진술이다. 그러므로 예를 들어 "런던은 영국의 수도가 아니다"라는 진술은 "런던은 영국의 수도이다"라는 진술과 모순된다. 하지만 두 가지 진술이 서로 대립contrary을 이룰 경우에는 둘 다 참이지는 않지만 둘 다

거짓일 수는 있다. 예를 들어 "고양이는 최고의 애완동물이다"
는 "개는 최고의 애완동물이다"와 반대된다. 이 경우 두 진술은
둘 다 참인 것은 아니지만, 둘 다 거짓일 수는 있다. 이를테면
금붕어가 최고의 애완동물일 수 있으니까.

사심 없는/무관심한disinterested/uninterested : 사심 없는 연구는 공평하다.
'무관심한'이라는 표현은 '관심이 없다'라거나 '흥미가 없다'
라는 뜻이다.

함의하다/추론하다imply/infer : 전제는 결론을 함의한다. 그러나 전제는
아무것도 추론하지 못한다. 오직 사람만이 추론할 수 있다. 사
람은 하나에서 또 다른 하나를 추론한다.

논점을 회피하다/질문을 요청하다begs the question/invites the question :
'논점을 회피하다'라는 표현은 지금 다루고 있는 논점을 당연
한 사실로 여기는 경우를 가리킨다. 예를 들어 데카르트는 "나
는 생각한다. 고로 나는 존재한다"라는 논증 때문에 논점을 회
피한다는 비난을 받았다. 그는 모든 생각에는 그 생각의 주인이
있다는 식의 주장이 바로 지금 논쟁 중인 논점인데도 그것을

당연한 것으로 여겼다. 일상회화에서는 '논점을 회피하다'라는 표현을 '질문을 요청하다invites the question'라는 뜻으로 쓰기도 하지만, 철학에서는 '논점을 회피하다'라는 뜻으로만 쓰인다.

예를 들면/즉e.g./i.e.: 'e.g.'는 사례를 소개할 때 쓰는 표현으로 '예를 들면for example'이라는 뜻이다. 'i.e.'는 '즉'이라는 뜻이다. 'i.e.' 다음에 나오는 내용은 해당 문장의 전반부에 서술된 내용을 설명하는 것이어야 한다. '예를 들면(e.g.) 나는 표절, 즉(i.e.) 다른 누군가의 작품을 자신의 것인 양 행세하려고 속이는 짓을 저지르는 어떤 사람이 어리석고 적발당할 것'이라는 식으로 말할 수 있다.

너무 거창한 단어를 쓰지 마라. '매우very**'를 의미하는 말로 '무한히**infinitely**'라는 표현을 쓰지 마라. 나중에 정말로 무한한 것에 관해 말할 때 마땅한 표현을 찾지 못할 수 있다.**
+ 클라이브 스테이플즈 루이스

요점을 암시하지 말고 확실히 보여라!

답안에서 요점을 확실히 보여주기보다는 암시하는 수준에 그친 사례

문제 『명상록』에 나오는 데카르트의 논증을 비판적으로 서술하라.

답안 1 데카르트가 『명상록』에서 펼친 주장은 논리의 순환성을 지적한 비판에 취약하다. 그 비판은 충분히 정당화된다. 데카르트로서는 피할 수 없는 비판이다. 데카르트의 논증에 대한 추가 비판은……

논평 이 답안은 데카르트의 견해에 대한 비판의 뜻을 슬쩍 내비치지만, 확실한 비판은 엿보이지 않는다. 답안 작성자는 본인이 무슨 말을 할지 이미 채점자가 알고 있다는 듯이 상세한 설명을 하지 않는다. 논리의 순환성을 지적한 비판이 "충분히 정당화된다"는 주장에 대한 근거를 밝히지도 않는다. 이 답은 에세이의 주석이나 요약본 같다. 여기에는 견해를 설명하고 그것을 열렬히 옹호하거나 예리하게 비판할 때 나타나는 논쟁적 요소가 엿보이지 않는다. 답안 작성자가 본인의 말을 이미 채점자가 알고 있다고 여긴 채 아무런 설명도 하지 않기 때문이다. 이런 태도는 철학 에세이의 성격을 전혀 이해하지 못한 데서 비롯된다. 철학 에세이의 취지는 작성자의 이해도와 비판능력을 암시하는 것이 아니라 그것을 확실히 드러내는 것이다.

답안에서 요점을 확실히 보여주는 사례

답안 2 데카르트가 『명상록』에서 펼친 주장은 논리의 순환성을 지적한 비판에 취약하다. 그 비판은 데카르트의 논증 가운데 상당 부분 그가 의존하는 개념이 비기만적non-deceptive 절대자의 존재에 대한 그의 믿음에 좌우된다는 지적이다. 비기만적 절대자에 대한 믿음은 데카르트가 명석하고 판명하게 인식하는 모든 것이 참이라는 개념에 의존하는 주장에 근거하고 있다. 그러므로 데카르트가 구사하는 논증의 구조는 순환적이다. 이것은 데카르트의 입장에 대한 불리한 비판이고 그의 생존 시에 이뤄진 것이다. 이것은 성경에 그렇게 쓰여 있기 때문에 하느님이 존재한다는 주장, 그리고 성경은 하느님의 말씀이니까 참이라는 주장과 같다.

논평 이 답안 작성자는 채점자도 이미 알고 있을 법한 사실을 비교적 상세히 설명한다. 그 이유는 답안 작성자가 에세이 주제를 이해하고 있고 그것을 비판적으로 사고할 수 있음을 보여주기 위해서

다. 이런 식의 답안은 견해를 요약하고 익히 알려진 비판을 자신

만의 언어로 표현할 기회이기도 하다.

명확하게 써라

명확하게 말하지 못하는 까닭은 명확하게 이해하지 못했기 때문이다.

✦ 존 설

어떤 철학 개념을 이해하고 있다는 점을 보여주는 한 가지 방법은

그것을 명확하게 글로 표현하는 것이다. 글이 애매하거나 독자에게

깊은 인상을 주지 못하면 그것은 해당 주제를 확실히 이해하지 못

한 증거일 수 있다. 장황하게 단어를 나열하거나 과장된 표현 뒤로

숨지 마라.

애매함은 무능력의 피난처다.

✦ 로버트 하인라인, 『낯선 땅 이방인*Stranger in a Strange Land*』

자리에 앉아 글을 쓸 때 원래 마음먹은 말만 쓰고 그 이상은 쓰지 않기로, 원래의 목적에 부합하는 아주 간략한 낱말만 쓰고 되도록 낱말수를 줄이기로 엄숙하게 맹세하자.

✦ C. E. M. 조드, 「좋은 글과 나쁜 글*How to Write and How to Write Badly*」

수학이나 철학 관련 저술가가 어렴풋한 심오함을 과시할 때 그것은 헛소리일 뿐이라고 여기는 편이 낫다.

✦ A. N. 화이트헤드, 『수학 입문*An Introduction to Mathematics*』

글을 명확하게 쓸 수 있는 사람들도 있지만, 대다수의 사람들은 의식적으로 노력해야 그렇게 할 수 있다. 명확한 글쓰기에 꼭 필요한 여섯 가지 지침이 있다. 물론 이는 고정불변의 법칙이 아니다. 다른 방법을 사용해도 된다. 하지만 다음으로 살펴볼 오웰의 여섯 가지 지침은 명확한 의사표현을 위한 훌륭한 참고자료가 될 것이다.

✱✱✱   오웰의 6가지 지침

작가 조지 오웰은 에세이 「정치와 영어 Politics and the English Language」
(1946)에서 명확한 글쓰기를 위한 여섯 가지 지침을 제시했다. 이
지침이 철학 관련 글쓰기에 큰 도움이 될 것이다.

- 인쇄물에서 자주 접한 은유, 직유, 비유의 표현을 절대 쓰지 마라.
- 짧은 단어로 충분한 곳에 긴 단어를 절대 쓰지 마라.
- 단어를 줄일 수 있다면 최대한 줄여라.
- 능동태를 쓸 수 있다면 수동태를 절대 쓰지 마라.
- 일상적인 표현을 쓸 수 있다면 외래어, 과학용어, 전문용어를 절대 쓰지 마라.
- 상스러운 표현을 쓰느니 차라리 이 다섯 가지 지침을 어겨라.

복잡한 문장구조는 금물이다

할 말을 갖고, 되도록 그것을 명확하게 말하라.

그것은 문체의 유일한 비밀이다.

+ 매슈 아널드

철학은 문장구조의 어려움 말고도 읽기에 충분히 어려움이 많다. 어떤 학생들은 아주 길고 복잡한 문장을 구사한다. 그런 문장은 의미를 파악하기 힘들다. 무엇을 말하려는지 이해하기 어렵다. 이는 작성자가 주제에 집중하지 않은 듯한 인상을 준다. 물론 몇몇 위대한 철학자들도 그런 식의 문장을 구사했다. 하지만 그 때문에 그들이 위대한 것은 아니다. 그들은 그런 점에도 불구하고 위대한 인물들이다. 그러나 학생 수준의 논술에서 길고 복잡한 문장을 고집하면 자신의 철학적 이해도를 제대로 보여줄 수 없다. 예를 들면, 마르셀 프루스트나 헤겔 같은 인물들의 문장을 무작정 모방한 채 좋은 점수를 바라는 건 대단한 착각이다.

문장은, 하나의 생각을, 즉 밀접하게 연결된 일련의 개념들을 전달하는 짧은 문장의 형태를 띨 경우 더욱 명확해질 것이다.

✦ 해럴드 에반스, 『언론인, 편집인, 저술가 등을 위한 필수영어_Essential English for Journalists, Editors and Writers_』(2004)

작성한 논술을 수정할 때는 긴 문장을 찾아낸 뒤 다음과 같이 생각하라. '이보다 더 나은 표현은 없을까?', '이 문장을 잘게 나누면 더 이해하기 쉽지 않을까?' 복잡한 문장이나 지나치게 긴 문장은 간략한 문장으로 고치고, 긴 문장은 짧은 문장으로 나눠야 한다.

명료하고 명료하고 또 명료해야 한다. 하나의 문장에서 궁지에 몰릴 때는 다시 시작하는 것이 최선이다. 굳이 복잡한 문장과 씨름하려 애쓰지 마라. 대개의 문제는 어느 시점에서 문장구조가 너무 복잡해지면서 발생한다. 복잡한 문장은 두 개 이상의 문장으로 나눌 필요가 있다.

애매함은 단순히 문장의 방해물만 되는 것이 아니다. 그것은 삶의 파괴자, 희망의 파괴자다. 그것은 잘못 적힌 도로 표지판 때문에 일어나는 교통사고이고, 좋은 의도로 보낸 편지의 잘못된 표현으로 인한 연인의 이별이며, 철도역에서 만나기로 약속했으나 잘못 입력한 전보 때문에 만나지 못한 여행자의 고통이다. 모호함에서 비롯된 비극을 생각하라. 명료해야 한다! 무언가를 말할 때, 말할 내용을 확인하라. 그렇게 했을 때만 올바르다.

✦ 윌리엄 스트렁크 주니어와 E. B. 화이트,

『스타일의 원리』(1918)

> **글쓰기 tip** 답안을 보다 명료하게 작성하고 싶으면 제출하기 전에 자기가 쓴 글을 소리 내어 읽어보기 바란다. 글 쓰는 행위에 지나치게 집중하면 복잡하고 난해한 문장을 구사하기 마련이다. 글을 소리 내어 읽어보면 삭제하거나 다듬어야 할 문장을 쉽게 알 수 있다.

주장을 전개하라

논술 쓰기에서 가장 중요한 요소는 주장을 전개하는 것이다. 다른 주제와 마찬가지로 철학에서도 논술의 핵심은 결론을 향해 주장을 전개하는 것이다.

"데카르트는 자신의 기존 신념을 모두 의심하는가?"라는 질문을 직접 받았다면, 결론에 직접적인 답변을 포함시켜야 하고 질문에 담긴 핵심어를 그대로 반복하는 것이 좋다. 앞의 질문을 예로 들면, "스스로 표명했던 의도와 달리, 데카르트는 자신의 기존 신념을 전혀 의심하지 않는다"라거나 "데카르트는 자신의 기존 신념을 모두 의심한다"와 같은 문장이 들어가야 훌륭한 논술의 결론이라고 하겠다. 그리고 나머지 부분에서는 이 결론을 뒷받침하는 논증과 예증을 포함시켜야 하며, 대안적 해석은 배제해야 한다.

"데카르트의 선제적 회의론pre-emptive scepticism을 비판적으로 논술하라"와 같은 자유해답식 질문의 경우에도 모든 답안에 결론이 뒷받침되어야 한다. 이때도 질문의 핵심어를 골라 결론에 포함시켜야 한다. 핵심어를 반복하면 주어진 문제에 확실히 답변한다는 뚜렷한 인상을 심어줄 수 있다.

주장을 전개하는 과정에서는 일반적으로 일정한 분량의 요약이 필요하다. 데카르트의 선제회의론을 상술하지 않은 채 그것의 성패 여부에 관한 질문에 답할 수는 없는 법이다. 따라서 일단 '선제pre-emptive'라는 표현의 의미를 요약해 설명할 필요가 있다. 여기에는 데카르트 자신은 회의론자가 아니었지만 몇 가지 신념이 매우 강력한 형태의 회의론에도 영향을 받지 않음을 입증하기 위해 회의론적 논증을 구사했다는 식의 설명도 포함된다. 그러나 대부분의 철학 논술은 철학자들의 사상을 명확하게 설명하는 것만으로는 부족하다. 그 이상의 것이 필요하다. 즉 논술 작성자는 어떤 견해에 대한 찬성론이나 반대론을 펼쳐야 한다. 이것은 가능한 견해를 모두 나열하고 그중 하나를 선택하도록 주문하는 중립적인 과정이 아니다. 작성자는 다양한 주장을 비판적으로 다룸으로써 결론을 차근차근 정립해야 한다. 예를 들면, "『명상록』 제1판에서 데카르트는 자신의 기존 신념을 모두 의심하는가?"라는 질문에 답할 때는 우선 질문의 초점인 『명상록』 제1판의 주장에 국한한 채 데카르트가 자신의 기존 신념을 의심하는 과정을 분명하게 제시해야 한다. 데카르트가 자신의 기존 신념을 모두 의심하지는 않았다는 결론을 내리고 싶다면, 구체적으로 어떤 신념을 의심하지 않았는지 밝혀야만 한다. 이때는 교과서에서 관련 내용을 인용하거나 독창적인 사례를 제시할 수 있다. 이런 식으로 데카르트의 신념에 관해 논의한 뒤 원래의 질문에 담긴 단어에 유의하며 전체적인 결론을 내리면 된다.

요점을 말하고, 뒷받침하며,
관련성을 입증하라

에세이를 쓸 때 단락을 구성하는 방법 가운데 하나는 각 단락에 다음 세 가지 요소를 포함시키는 것이다.

1. **명료한 요점**

2. **요점을 뒷받침할 증거나 논증**

3. **요점과 출제된 문제와의 밀접한 관련성. 이것은 일종의 마무리작업이다. 그리고 어떤 의미에서는 각 단락의 핵심이자 '그래서 뭐 어쨌다는 거야?'라는 질문에 대한 답변이다.**

글쓰기 tip 각 단락을 완성한 뒤 마음속으로 '그래서 뭐 어쨌다는 거야?'라고 물어라. 여기에 대한 답변은 방금 완성한 단락의 내용과 원래 출제된 문제 사이의 관련성을 평가하는 시금석이 될 것이다. 출제된 문제에서 벗어나지 마라. 이 점은 시험용 논술을 작성할 때 특히 중요하다. 주제에서 벗어나지 마라. 주제와 관련 없는 것에 눈길을 돌리지 마라.

이것은 단락을 구성하는 유일한 방법은 아니지만, 철학 논술을 할 때 분명 효과적인 방법이다.

세 부분으로 구성되는 단락의 사례

공리주의를 비판적으로 설명하라는 문제가 출제되었다면, 일단 공리주의가 무엇인지 설명한 뒤 다음과 같이 단락을 세 부분으로 구성하는 방법이 있다.

단락 1   공리주의를 공격하는 주요 비판 가운데 하나는 직관적으로 부도덕한 행동들을 공리주의가 정당화하는 듯한 인상을 풍긴다는 주장이다.

논평   요점이 명확하다. 문장 앞부분의 몇 단어만 봐도 이 단락에서 공리주의에 대한 비판적 관점을 다룰 것이라는 뜻이 담겨 있다.

두 번째 단락에서는 첫 번째 단락에서 제시한 요점을 구체적인 사례를 통해 뒷받침하면 된다.

단락 2 일례로 신체는 건강하지만 우울증을 앓는 사람이 입원하는 경우를 떠올려보자. 병실에는 콩팥, 심장, 골수, 폐 등의 이식수술이 필요한 환자가 각각 한 명씩 있고, 각막 이식이 필요한 환자가 두 명 이상 있고, 수혈이 필요한 환자도 한 명 있다. 만약 그들이 이식과 수혈을 받을 수 있다면 기쁠 것이다. 그들의 기쁨은 건강하지만 우울증에 빠진 사람의 기쁨보다 훨씬 더 클 것이다. 따라서 공리주의자는 건강한 우울증 환자의 장기를 강제로 제거하는 편이 옳다고 말해야 할 것이다. 왜냐하면 이식수술이 더 큰 기쁨을 초래할 것이기 때문이다. 그러나 이런 식으로 이식수술을 실행한다면 우리들 대부분은 도덕적으로 혐오감을 느낄 것이다.

논평 이와 같은 구체적인 사례는 도입부 문장에서 제시한 요점을 뒷받침한다. 답안 작성자는 부도덕하고 혐오스런 행동의 사례를 제시함으로써 공리주의를 효과적으로 비판한다.

이 답안을 살펴본 채점자는 "그래서 뭐 어쨌다는 거야?"라고 반문하지 않을 것이다. 답안 작성자는 도입부 문장에서 제기한 요점을 마무리하는 차원에서 다음과 같이 덧붙일 수 있다.

이로써 공리주의가 대다수 사람들의 도덕적 직관에 크게 어긋나는 행동을 정당화하고 있음을 알 수 있다.

논평 답안 작성자가 특히 '공리주의'라는 단어에 유념하면서 주어진 질문에 답하고 있는 점이 엿보인다.

다음 단락으로 넘어가 이와 같은 비판에 대한 공리주의자들의 반응을 다루고 싶을 수도 있다.

단락 3 하지만 공리주의자들은 이것은 현실에서는 일어나기 어려운 너무 극단적인 사례라고 받아칠 것이다.

논평 이 마지막 문장은 앞 단락과 다음 단락을 연결한다. 다음 단락에서 답안 작성자는 자신의 비판에 대한 공리주의의 반응을 상술하고, 논증을 통해 그것을 뒷받침하며, 단락의 내용이 주어진 질문과 연관되어 있음을 분명하게 밝혀야 한다. 이 문장은 여기서 제시한 사례와 달리 새로운 단락의 첫 문장으로도 활용할 수 있다.

관련성을 유지하라

철학 논술에 포함된 모든 문장은 주어진 주제와 관련이 있어야 한다. 주제와 무관한 구절을 삭제하라. 아무리 정확하고 예리하고 멋진 구절도 주제와 무관하면 삭제하는 편이 좋다. 예를 들면, "데이비드 흄은 1711년 스코틀랜드에서 태어났다"라는 문장으로 흄의 인과론theory of causation에 관한 논술을 시작한다고 가정해보자. 그의 인과율을 출생연도나 출생지와 연결해 주장을 펼치려는 의도가 있는 경우가 아니라면, 이 문장은 부적절한 선택이다. 주제와 무관한 정보를 나열하지 마라. 논술의 첫 번째 단락에서 엉뚱한 정보를 나열한 뒤 두 번째 단락에서 비로소 주제를 언급하는 학생들이 의외로 많다. 특정 철학자를 설명한 책이나 백과사전에는 그 철학자의 일대기가 요약되어 있다. 사실 과제물용 에세이를 준비하는 학생들이 눈독을 들일 법한 자료들이다. 하지만 대다수 논술 과제의 취지는, 특정 철학자의 삶과 업적을 요약하는 것이 아니라 구체적인 질문에 대한 답을 탐구하는 것이다. 주제와 무관한 정보를 논술에 포함시키면 답의 효과가 희석되고 만다. 아무리 흥미로운 사실을 나열해도 그것이 주제와 무관하면 좋은 점수를 받을 수 없다.

활력이 넘치는 글쓰기는 간결하다. 그림에 쓸데없는 선이 없어야 하고 기계에 불필요한 부품이 없어야 하듯 문장에도 쓸모없는 단어가 없어야 하고, 단락에 불필요한 문장이 없어야 한다. 이것은 모든 문장을 짧게 줄이고, 모든 세부적 표현을 피하고, 모든 주제를 개략적으로만 다뤄야 한다는 뜻이 아니라 모든 단어가 살아 있어야 한다는 뜻이다.

+ 윌리엄 스트렁크 주니어와 E. B. 화이트,

　『스타일의 원리』(1918)

논술의 도입부에서 핵심용어의 사전적 정의를 늘어놓지 마라. 예를 들면, "옥스퍼드 영어사전에서는 '회의론'을 ~로 정의한다"라는 문장으로 시작하는 논술은 좋은 점수를 받기 힘들다. 일반사전에는 철학용어의 정의에 도움이 될 만한 정보가 거의 없다. 오히려 철학적 용법과 일반적인 용법의 차이 때문에 오해를 유발하거나 요점에서 벗어날 때가 많다. 논술을 시작하면서 사전적 정의를 늘어놓는 것은 안일한 접근법이다. 굳이 필요하다면 철학용어의 정의는 한 권 이상의 철학사전을 참고하는 편이 낫다.

‘~라는 사실’ 같은 표현은 흔히 ‘~때문에’나 ‘~에도 불구하고’ 같은 표현이나 그 밖의 간략한 표현으로 바꾸는 것이 좋다. 예를 들면, "로크가 신생아의 의식은 백지상태 같다고 믿었다는 사실이 그의 모든 사상에 영향을 미쳤다"와 같은 문장은 "신생아의 의식이 백지상태 같다는 로크의 믿음은 그의 모든 사상에 영향을 미쳤다"로 바꿀 수 있다.

단락은 생각의 길이가 아니라 단위다

글의 구조를 분명하게 만드는 가장 쉬운 방법들 가운데 하나는 단락을 효과적으로 사용하는 것이다. 글의 구조가 분명하면 채점자가 글쓴이의 의도를 이해하는 데 도움이 된다. 단락의 이상적인 길이로 딱히 정해진 것은 없다. 각 단락의 적절한 길이는 내용에 따라서 좌우된다. 단락마다 한 가지의 핵심개념이 있어야 한다. 한 문장으로만 이뤄진 단락을 나열하지 마라. 주제를 깊이 탐구하지 않은 증거일 뿐이다.

이정표를 활용하라

철학을 읽을 때 이정표의 가치를 이미 언급했다. 논술을 수정할 때 각 단락의 첫 번째 문장이 그 단락의 요점을 말하는지 검토하는 것이 좋다. 예를 들면, "X에 대한 두 번째 진지한 비판은 ~이다"라거나 "방금 제시한 논증에 대한 가능한 반례는 ~과 같다"와 같은 문장은 채점자에게 긍정적인 인상을 줄 수 있다.

이렇게 하면 각 단락의 여러분이 쓴 첫 번째 문장만 보고도 채점자는 그 논술의 구조를 파악할 수 있을 것이다.

학습 tip	방금 작성한 논술에서 각 단락의 첫 번째 문장이 하나의 이정표로서 전체 논술의 논증구조를 적절히 드러내는지 살펴보아라. 만약 그렇지 않다면 각 단락의 첫 번째 문장을 수정하라.

인용을 자제하라

그 구절에 대한 상세한 분석을 시도할 때를 제외하고는 다른 철학자나 비평가의 저작 내용을 길게 인용하지 마라. 인용문들을 나열해놓는 것은 주제를 제대로 이해하고 있음을 보여주지 못한다. 직접적인 인용문보다 그것을 잘 풀어쓴 단락이 훨씬 높은 평가를 받는다. 특정 구절을 인용할 때는 반드시 출처를 밝혀라. 그렇지 않으면 표절 혐의를 받을 수 있다. 어떤 철학자의 어법이 의미를 파악할 수 없을 정도로 독특한 경우에는 인용하라. 한 예로, 자연 상태에 있는 인간의 삶에 관한 토머스 홉스의 견해를 설명할 때 "고독하고 궁핍하고 추악하고 잔인하고 짧은"이라는 유명한 구절을 인용할 수 있다. 그러나 모든 문장을 일일이 분석하는 경우가 아니라면 『리바이어던*Leviathan*』(1651)에서 이 구절이 등장하는 모든 문장을 인용할 필요는 없다. 인용된 구절은 그것을 인용한 사람의 텍스트에 대한 이해도를 드러낸다. 누구나 인용할 수 있다. 하지만 텍스트에 대한 지식과 이해도를 보여주는 간략하고 적절한 인용문을 선택하는 데는 기술이 요구된다. 이 책에서 내가 구사하는 인용방법을 모방하지 마라. 나는 이 책에서 철학 논술을 하고 있는 것이 아니다.

반론을 고려하라

알다시피 철학 글쓰기에서는 결론을 위한 주장을 전개해야만 한다. 하지만 이는 일방적인 주장만 펼치라는 말이 아니다. 자신의 견해를 제시할 때마다 반론을 예측하고 선제공격에 나서라. 자신의 견해에 대한 반론을 제시하고 그것의 부당성을 입증하라. 지금 내세우는 견해의 이면을 충분히 고려했음을, 반론과 반례를 모두 검토했음을 보여주어라. 결론에 유리한 주장에만 초점을 맞추는 건 안일한 태도다. 왜냐하면 에세이 채점자(적극적인 읽기가 익숙한 사람)는 답안을 꼼꼼히 읽으며 틀림없이 반론을 고려할 것이고 에세이 작성자가 그런 반론에 대응할 수 있다는 증거를 찾아내지 못할 것이기 때문이다. 에세이 작성자는 독단적인 주장을 열렬히 제시하는 것이 아니라 다양한 관점을 골고루 감안하고 나서 확실한 결론에 도달하는 것을 목표로 삼아야 한다.

표절하지 마라

표절: (타인의 글이나 생각을) 훔치는 행위

✦ 『체임버스 영어사전*Chambers Dictionary*』(1998)

표절은 절대금물이다. 의도적으로 타인의 저작을 자기 것인 양 내놓는 건 명백하게 비도덕적인 기만행위다. 그러나 우발적으로 그런 인상을 주는 행위도 표절로 간주될 수 있다. 대부분의 학술기관은 표절행위를 매우 엄격하게 처벌한다.

이처럼 표절을 엄하게 다스리는 건 적어도 다음 두 가지 이유로 정당화될 수 있다. 첫째, 표절이 의심되는 행위를 용인하는 것은 위험한 선택이다. 둘째, 고의로 표절을 저지르고 나서 우발적인 행위라고 변명하는 사람이 생길 수 있다.

철학적 관점에서는 두 번째 이유가 더욱 흥미롭다. 이는 학생들이 어떤 책임을 지고 있다는 점을 지적하는 말이다. 의사와 교수가 각자의 직업과 관련해서 책임을 지듯 학생도 과제물 제출과 관련해서 채점자와 일종의 암묵적 계약을 맺게 된다. 따라서 과제물을 제출하는 학생은 의도적 표절을 피해야 할 뿐 아니라 타인의 저작을 자기 것인 양 유포하는 듯한 인상을 주지 않도록 유의해야 한다.

인터넷 표절

인터넷 표절은 비교적 최근의 현상이다. 알다시피 인터넷에는 미리 작성된 리포트나 철학 에세이를 전문적으로 제공하는 웹사이트가 있다. 그런 사이트의 개설자들은 학생들의 부담을 덜어주려 한다고 주장하지만, 운영현황을 보면 그렇지 않다. 단순히 힌트를 얻고자 그런 사이트를 이용할 수는 있지만 표절로 의심받지 않도록 유의하기 바란다. 언제나 자료의 출처를 밝히는 것이 안전하다. 에세이 채점자들은 학생들이 복사했거나 의심스런 자료를 찾아내는 아주 정교한 소프트웨어를 사용하고 있다. 여러 명의 학생들이 동일한 출처의 자료를 사용할 가능성도 있으니 조심해야 한다.

철학을 공부한다는 것은 에세이를 쓰기 위해 이런저런 자료를 오려붙이는 작업이 아니다. 과제물을 제출하고 점수를 따는 데

만 연연하면, 철학공부의 취지를 완전히 외면하는 결과를 초래할
것이다.

표절, 풀어쓰기, 설명의 다섯 가지 사례

사례 1 만약 회의론자가 옳다면, 우리 모두는 우리를 둘러싼 세계와 의미심장한
방식으로 떨어져 있다. 우리는 저 밖의 세상에 대해 아무것도 모른다. 우
리는 우리가 나무, 집, 고양이, 개, 산, 자동차 따위가 있는 세계에 살고
있다고 믿을 까닭이 전혀 없다. 그리고 우리가 다른 사람들에게 둘러싸
여 있다고 생각할 이유도 전혀 없다. 왜냐하면 우리가 아는 모든 것, 이
세상과 사람들은 가상에 불과하기 때문이다.

논평 이 글은 스티븐 로의 철학 입문서 『돼지가 철학에 빠진 날』*The
Philosophy Files* (London: Orion, 2000, p. 53)의 내용을 아무 말 없이 직접 인용
한 것이다. 이 글과 『돼지가 철학에 빠진 날』의 내용이 서로 다
른 점은 원서에는 이 부분 뒤에 두 개의 논평이 실려 있다는 것이
다. 어쨌든 이 글은 인용부호를 표기하지 않았고 출처를 언급하
지 않았으므로 명백한 표절이다.

사례 2 회의론자가 옳다고 가정해보자. 그렇다면 우리 각자는 외부 세계와 의미심장한 방식으로 떨어져 있다. 우리는 저 밖의 세상에 대해 아무것도 모른다. 우리는 나무, 집, 고양이, 산 따위가 있다고 믿을 까닭이 전혀 없다. 왜냐하면 우리가 아는 모든 것, 세상과 사람들이 단지 가상적 존재이기 때문이다.

논평 첫 번째 사례와 달리 노골적인 형태의 표절은 아니지만 이것 역시 표절이다. 원서 내용을 슬쩍 풀어쓰고는 있지만, 글의 짜임새, 문장구조, 보기 등이 원서와 흡사하다. 게다가 원서 출처를 밝히지도 않았다. 군데군데 슬쩍 다른 표현을 사용함으로써 표절의 혐의를 피하려는 것은 철학적으로 전혀 정당화할 수 없는 행위다.

사례 3 스티븐 로는 회의론이 옳다면 "우리 모두는 우리를 둘러싼 세계와 의미심장한 방식으로 떨어져 있다"고 말한다. 그러므로 우리는 우리가 "나무, 집, 고양이, 개, 산, 자동차 따위가 있는 세계에 살고 있다고 믿을 까닭이 전혀 없다." 그리고 우리가 다른 사람들의 존재를 믿을 까닭도 전혀 없다. 왜냐하면 우리가 아는 모든 것, "이 세상과 사람들은 가상에 불과하기 때문이다."

  인용출처는 밝혔지만 단지 인용문을 잡다하게 나열한 것에 불과하다. 어떤 구절에는 인용부호가 있지만, 다른 구절에는 인용부호가 없다. 표절 혐의를 받지는 않겠지만, 원서의 내용을 적절히 요약하지 못했으므로 그것을 제대로 이해하지 못한 듯한 인상을 준다. 그저 원서의 주요 개념을 앵무새처럼 흉내 내고 있을 뿐이다. 철학 에세이에는 대체로 일정한 분량의 요약과 설명이 포함된다. 하지만 요약은 단순히 종이를 가위로 자르고 풀로 붙이는 작업이 아니다. 원서의 내용을 요약할 때는 어느 정도의 설명이 뒤따라야 하고, 되도록 원서의 사례보다는 자기만의 독특한 사례를 사용하는 것이 낫다.

사례 4 『돼지가 철학에 빠진 날』에서 스티븐 로는 회의론을 이렇게 요약한다. "우리 모두는 우리를 둘러싼 세계와 의미심장한 방식으로 떨어져 있다. 우리는 저 밖의 세상에 대해 아무것도 모른다." 나아가 그는 회의론자는 타인의 존재를 믿을 이유가 전혀 없다는 점을 강조한다. 타인에 대한 우리의 경험은 오해일지 모른다. 사실 우리는 입체화상을 바라보고 있는 것인지도 모른다. 아니면 타인을 보고 만지고 느끼고 타인의 말을 듣고 냄새를 맡는 듯한 환상을 만들어내는 가상현실기계에 연결되어 있는지도 모른다.

논평 이것은 전혀 표절이 아니다. 우선 스티븐 로가 언급한 개념을 적절히 요약하고 설명한다. 또한 인용출처를 밝혔고, 우리가 가상현실기계에 연결되어 있는지도 모른다는 독창적인 견해를 제시한다.

사례 5 우리는 흔히 대부분의 시간에 우리 각자의 감각으로 인식하는 세계가 존재하고 사실상 그렇게 보인다고 확신한다. 회의론자들은 이와 같은 자기만족에 도전한다. 그들은 우리가 벽, 탁자, 의자, 발, 금붕어 같은 것들이 실제로 존재한다고 믿을 만한 이유가 그렇지 않다고 믿을 만한 이유보다 많지 않다고 주장한다. 세상 모든 것이 허상일지도 모른다. 나 외의 다른 사람들은 존재하지 않을지 모른다. 회의론자들은 우리가 경험으로 여기는 것이 실제로는 우리를 조종하는 누군가에 의해 창조된 것일지 모른다고 여긴다. 단지 우리는 부지불식간에 매우 정교한 가상현실기계에 연결되어 있을지 모른다. 요컨대 회의론자의 관점에서는 사물이 겉보기와 동일하다고 믿을 만한 이유가 그렇지 않다고 생각할 만한 이유보다 많지 않다.

논평 스티븐 로가 책에서 제시한 견해와 동일한 견해를 피력하고 있지만, 굳이 그의 책을 언급할 필요가 없을 정도로 작성자가 스티븐 로의 견해를 확실히 이해하고 완벽히 소화한 점이 드러나 있다. 하지만 원래의 출처를 언급하는 편이 안전하고, 그래야 표절로 인해 처벌받는 일을 피할 수 있다.

나를 드러내지 마라

철학 글쓰기를 할 때 흔히 저지르는 실수는 자전적 고백을 시도하는 것이다. 자전적 고백은 흔히 "내 개인적 의견은~"이나 "항상 느끼는 것이지만~" 같은 표현을 동반한다. 이는 주관적인 단언에 불과하다. 이렇게 개인적 성격을 드러내는 것은 합리적으로 주장을 전개하는 것과 무관한 불필요한 표현이다. 굳이 "나는 데카르트가 자신의 모든 기존 신념을 의심한다고 믿는다"라는 말로 에세이의 결론을 내릴 필요는 없다. "나는 ~ 라고 믿는다"라는 표현은 상대의 반격을 유발하는 쓸데없는 표현이다. 결론은 굳이 말하지 않아도 글을 쓴 **나의** 결론이다. "내 견해로는"이나 "나는 ~ 라고 강력하게 믿는다"라는 표현으로 자신을 드러내면, 주장을 전개하기 위해 사용한 모든 논증과정이 훼손될 뿐 아니라 결론이 합리적 분석의 결과물이 아니라 단지 개인적 믿음의 고백에 불과하다는 인상을 준다.

✖✖✖ 철학 글쓰기에서 피해야 할 표현들

"내 견해로는" "~라고 믿는다." "개인적으로는" "늘 ~라고 생각한다." "내가 보기에 ~것 같다." "어느 정도 옳은지 모르지만, 내 개인적 의견으로는" "~라고 굳게 믿는다." "내 소견으로는" "개인적인 생각이지만" "내 관점에서는"

독창성이 중요하다

철학공부를 막 시작한 학생들은 독창적인 결과물을 내놓는 방법을 잘 모른다. 물론 무작정 타인의 저작을 자기 것으로 포장하려고만 한다는 말은 아니다. 하지만 철학을 공부한 지 얼마 되지 않은 시점에서 독창적인 발상을 할 수 있는 방법을 정확히 이해하지 못하는 것은 분명한 사실이다.

다른 저자의 지식을 훔치는 행위는 표절이다. 여러 사람들의 지식을 훔치는 행위는 연구조사다.

+ 윌슨 마이즈너

반드시 비트겐슈타인이나 콰인 같은 훌륭한 철학자 수준의 사고를 해야 하는 것은 아니다. 철학 에세이를 작성할 때 굳이 깜짝 놀랄 만한 이론을 내놓을 필요는 없다. 익숙한 주장을 제시하는 과정에서도 독창성은 발휘될 수 있다. 독창성은 다양한 출처들의 다양한 주장들을 조합하는 과정에서도 발휘할 수 있다. 지금 공부하는 내용을 충분히 이해하고 있는 모습을 보여주는 것, 그리고 그것을 비판적으로 다루는 모습을 보여주는 것이 중요하다. 철학자들의 주장을 되풀이하는 앵무새가 되지 마라.

나만의 사례를 제시하라

독자적인 사고력을 보여주는 가장 쉬운 방법들 가운데 하나는 나만의 사례를 사용하는 것이다. 예를 들면, 데카르트의 『명상록』에 관한 에세이를 작성하는 경우라면, 데카르트의 주장을 예증할 만한 사례를 직접 생각해내면 된다. 자신의 감각을 절대적으로 신뢰하기를 거부하는 이유를 설명할 때 데카르트는 똑바른 막대기도 물에 넣으면 구부러져 보인다는 사례를 제시한다. 우리도 이와 같은 감각적 경험의 오류를 보여주는, 독자적인 사고력을 과시하는 몇 가지 사례를 생각해낼 수 있을 것이다. 일례로 달은 지평선 아래에 있을 때 더 크게 보이고, 차가운 물체는 마치 젖어 있는 듯한 느낌이 든다. 논의 중인 요점에 대한 이해도를 입증하는 것뿐 아니라 나만의 사례를 제시하면 창의성을 부각시키는 데 도움이 된다. 채점자는 상투적인 사례보다는 상상력이 돋보이는 사례를 높이 평가하기 마련이다.

참고문헌 목록을 밝혀라

명시적으로 금지된 사항이 아니라면, 글을 쓰면서 참고한 책이나 글의 목록을 밝혀야 한다. 일반적으로 책 제목은 이중꺽쇠(『』)로 표시하는데 알파벳은 이탤릭체로 표기한다. 논문과 장의 제목은 꺽쇠(「」)나 인용부호(" ")로 표기한다. 웹사이트 주소는 괄호(< >)로 표기한다. 웹사이트를 방문한 날짜를 적어라. 과거의 내용이 아직 남아 있으리라는 보장이 없기 때문이다.

　참고문헌 목록을 작성하는 방식들은 다양하므로 담당 교수의 지시를 따르는 편이 좋다. 특별한 언급이 없을 경우 다음과 같은 방식을 따르는 편이 낫다.

책　　저자(출판연도),『책 제목』, 출판사(페이지 수).

박이문(2008),『철학이란 무엇인가』, 지와사랑.

Warburton, N.(2004), *Philosophy: The Basics*, 4th edn, London: Routledge. 최희봉·박수철 옮김(2011),『한권으로 읽는 철학의 고전 27』, 지와 사랑.

논문　저자(발표연도),「논문제목」, 논문발표학회명, 논문이 실린 학회
　　　지 이름, 호수, (페이지 수).

김병하(1989),「군대사회학의 현황과 과제」,『육사논문집』36집.
Warburton, N.(1998), "Freedom to Box", *Journal of Medical Ethics*,
　　　24(1): 56~60.

웹페이지　<http://www.open.ac.uk/Arts/philos/warburton.htm>

인터넷을 사용하되 현명하게 사용하라

철학 논문의 자료조사를 위해 인터넷을 사용하는 경우에는 표절을
의심받지 않도록 참고문헌 목록에 해당 사이트를 상세하게 기록해
야 한다. 학교 도서관에 비치된 대부분의 책들은 학술적으로 검증
된 것들이다. 반면 인터넷에는 유용한 사이트들도 많지만 부실한
사이트들도 아주 많다. 예를 들면, 데카르트의 원래 의도를 명확하

게 분석한 자료를 제공한다고 주장하는 사이트 개설자의 선전을 그대로 믿기는 어렵다. 알고 보면 데카르트의 철학을 단순히 피상적으로 이해하고 있거나 의도적으로 거짓말을 할 수도 있다.

그런 사이트에서 시간낭비를 하지 않으려면 인터넷에서 사용하는 자료에 각별한 주의를 기울여야 한다. 공신력 있는 사이트는 해당 사이트의 개설자가 이미 검증한 또 다른 사이트와 연결되어 있을 것이다. 몇몇 대학들에서는 특정 주제에 관한 추천 사이트의 목록을 제공한다. 그렇게 내용별로 분류된 게이트웨이gateways는 웹에서 적당한 검색자료를 발견할 수 있는 최고의 경로다. 인터넷에서 흥미롭고 정확한 철학 정보를 찾기 위한 또 다른 방법은 이 책의 말미를 참고하기 바란다.

철학 시험을 준비하는 방법

철학 시험은 생각을 하게 만드는 시험이다. 실전에서 생각할 준비를 갖추어라. 출제자들은 학생들의 사고력과 응용력을 검증하기 위해 의도적으로 학생들이 예상하지 못한 문제를 고안해낼 것이다. 평소 생각하는 훈련을 해두면 그런 뜻 밖의 문제에도 당황스럽지 않을 것이다.

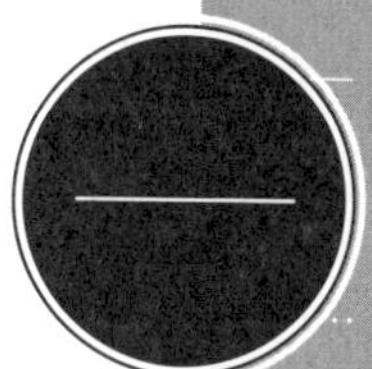

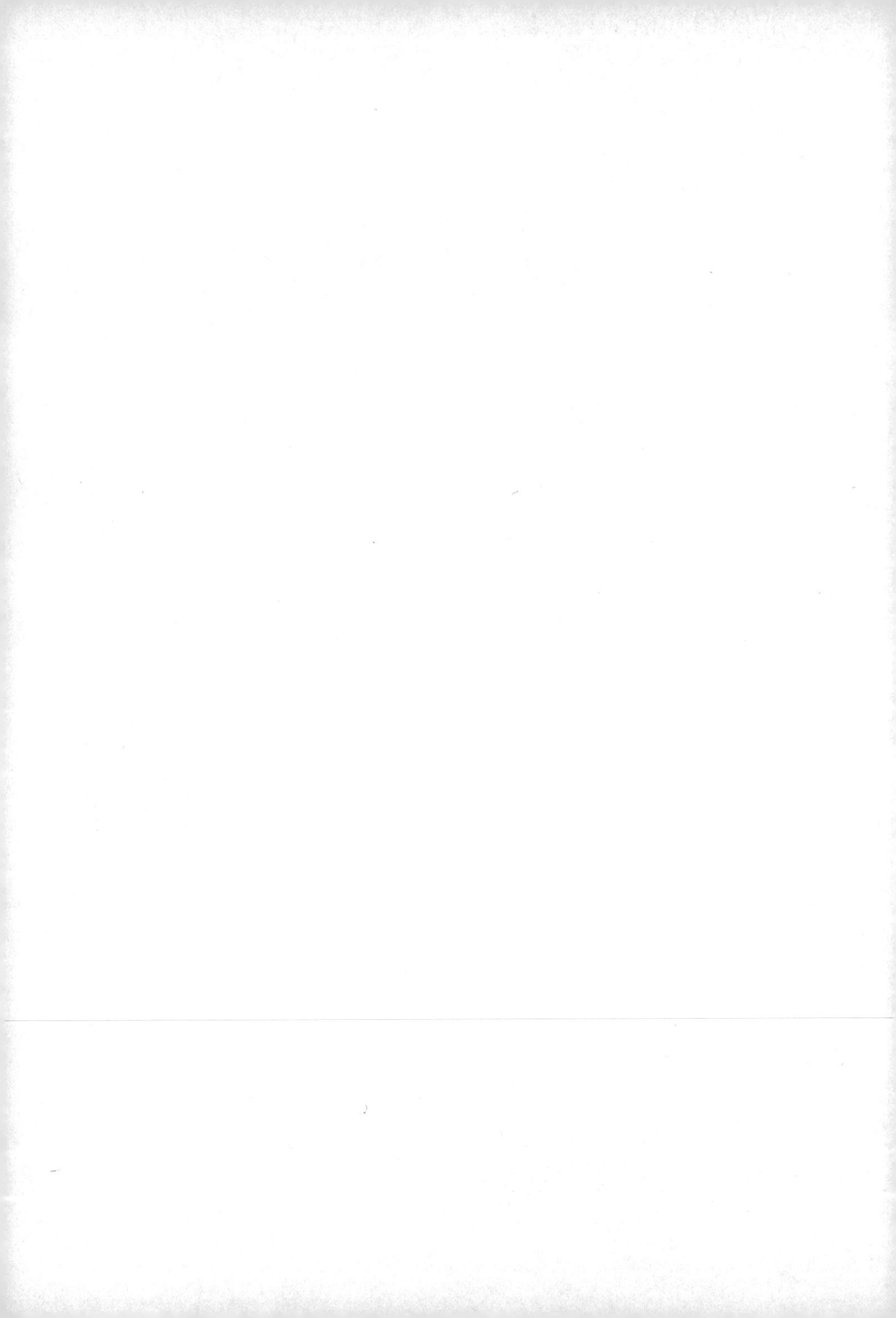

복습

적극적인 복습은 시험성적을 높일 수 있는 최고의 열쇠다. 문제는 효과적인 복습방법이다. 보통은 여러 시간 동안 노트를 훑어보거나 꾸벅꾸벅 졸며 교과서를 뒤적이기 쉽다. 하지만 이는 바람직한 방법이 아니며, 자칫 시간낭비일 수 있다. 물론 시험 점수는 복습에 투입한 시간의 양과 정비례하지는 않을 것이다. 사실 철학 시험에서 좋은 점수를 받을 수 있는 방법만큼 까다로운 것도 없다. 그래도 최고의 점수는 제시된 주제에 초점을 맞추고 주장을 명확하게 전개한 독창적인 에세이의 차지가 될 것이다.

철학 시험을 준비하는 과정에는 훌륭한 글을 쓰는 방법에 관해 지금까지 설명한 거의 모든 사항이 적용된다. 단 인용출처와 참고문헌 목록을 표시하는 것은 제외된다. 시험답안지에서는 참고문헌 목록을 밝힐 필요가 없기 때문이다.

복습은 단지 그때까지 배운 것을 되돌아보는 행위가 아니라 앞으로의 할 일을 준비하는 과정이다. 당연한 말이다. 그러나 실제로 강의 도중에 필기한 내용을 훑어보는 것만이 시험 준비의 전부라고 여기는 학생들도 많다.

연습용 논술을 작성하라

논술 시험에 대비하는 최선의 방법은 시험 전에 시간을 정해놓고 글쓰기를 연습하는 것이다. 마라톤 선수에게 최고의 훈련은 오래달리기를 하는 것이다. 물론 오래달리기는 마라톤 선수가 해야 할 유일한 훈련은 아니지만, 오래달리기 훈련을 하지 않으면 실전에서 좋은 성과를 기대하기 어렵다. 그러나 시간을 정해놓고 글쓰기를 연습하는 건 노트를 대충 훑어보는 것보다 훨씬 더 힘들기 때문에 대다수 학생들이 꺼린다. 하지만 연습 없이 좋은 점수를 기대할 수는 없다. 우선 기존 기출문제에서 문제를 하나 골라라. 그런 다음 한 시간 동안 직접 에세이를 써라. 에세이는 채점자가 쉽게 이해할 수 있어야 하고, 일관성과 치밀한 논증과정을 갖춰야 하지만, 연습할 때는 형편없는 에세이를 써도 괜찮다. 실전에서 그런 에세이를 쓰는 것보다는 낫기 때문이다. 이렇게 연습 삼아 에세이를 미리 써봄으로써 시험과 비슷한 조건에서 에세이를 설계하고 작성하는 것이 무척 어려운 일임을 깨달을 수 있다.

주제에서 벗어나지 마라. 개념을 설명하는 데 시간이 필요하다. 적절한 사례를 생각해내는 데도 시간이 필요하다. 반론에 대처하는 데도 시간이 필요하다. 이 모든 과정을 진행하면서 직접 손으로 글을 써야 한다. 동시에 채점자가 답안 내용을 제대로 이해할 수 있도록 써야 한다. 가독성이 떨어지면 채점자가 답안 내용이 얼마나 훌륭한지 파악하기 힘들다. 시험 답안은 직접 손으로 써야 하기 때문에 빠른 속도로 답안을 작성하는 연습도 필요하다.

개요를 작성하라

연습용 논술을 작성할 만한 상황이 아닐 경우에는 특정 문제에 대한 답안의 개요를 작성해보는 것도 아는 것을 점검해보는 또 다른 방법이다. 이는 어떤 주제에 관한 견해를 체계적으로 배열해보고, 그것을 제대로 이해하고 있는지 점검해볼 수 있는 효과적인 방법이다. 연습용 답안의 개요를 작성할 때는 그 주제에 관한 견해를 요약하는 것을 실제로 문제에 답하는 것처럼 해야 한다. 그 문제에 대한 자신의 시각 안에서 견해를 제시하는 데 그치면 곤란하다.

연습용 문제를 출제하라

출제자의 입장을 경험해보는 것도 좋다. 어떤 주제든 제기될 수 있
는 몇 가지 질문들이 있다. 기출문제를 참고하여 직접 시험문제를
출제해보라. 연습용 논술과 시험용 답안의 개요를 작성할 때 사용
한 문제도 괜찮다. 출제자의 입장에서 문제를 만들어보면 각 주제
를 비판적 시각으로 바라보는 계기가 될 수 있다. 그리고 연습용 논
술이나 연습용 답안의 개요를 작성하는 과정과 마찬가지로 자신의
이해도를 점검하는 좋은 기회가 될 수도 있다.

생각할 준비를 갖춰라

생각을 해야 한다는 마음가짐으로 시험에 임하는 자세가 중요하다.
아직 소화시키지 못한 지식을 성급하게 게워내려 하지 마라. 주어
진 문제에 적합한 결론을 도출하기 위한 일관성 있는 주장을 전개

하려면 이미 배운 지식을 적절하게 조합해야 한다. 암기한 인용문과 예상 질문만 머릿속에 가득 채운 채 시험에 임하면, 출제된 질문에 제대로 답하기 어렵다. 철학 시험은 생각을 하게 만드는 시험이다. 실전에서 생각할 준비를 갖추어라. 출제자들은 학생들의 사고력과 응용력을 검증하기 위해 의도적으로 학생들이 예상하지 못한 문제를 고안해낼 것이다. 평소 생각하는 훈련을 해두면 그런 뜻밖의 문제에도 당황스럽지 않을 것이다. 그런 문제의 목적은, 학생들이 이미 알고 있는 지식을 나름의 방식으로 체계화하도록 유도하는 것이다. 스스로 생각하는 힘을 길러두면 오히려 철학 시험이 즐거워질 수 있고, 시간의 압박을 받으면서 어떤 주제에 관해 명확하게 생각하는 과정은 유쾌한 경험이 될 것이다. 철학 시험에서는 답안을 작성하는 것 자체가 새로운 방식으로 사고하는 과정이다. 실제로 철학 시험에서 논술을 작성하면서 스스로 생각하는 경험을 겪고 나서야 비로소 철학이라는 학문의 진가를 깨달은 학생들도 있다. 철학 교육은 스스로 사고하는 교육이어야 한다. 궁극적으로 학문적 연구에서 얻는 것은 단지 성적표나 빛바랜 노트가 아니다. 지금까지 이 책에서 설명한 여러 원칙들을 실천하면, 여러분은 이 책으로 공부하기 시작했을 때보다 훨씬 훌륭한 사상가와 훨씬 뛰어난 저술가가 될 수 있을 것이다.

맺음말

이 책은 의도적으로 짧게 만들었다. 철학적 기술을 다듬는 최선의 방법은 그 기술을 연습하는 방법을 읽는 것이 아니라 직접 연습하는 것이기 때문이다. 철학은 만만찮은 학문일 수 있지만, 적절한 방식으로 접근하면 공부가 꽹장히 즐거울 것이다. 글쓰기와 명확한 사고력 같은 전용성 기술transferable skill은 교육이 나눌 수 있는 가장 가치 있는 기술 가운데 하나다.

이 책이 유익하다고 생각하거나 아니면 고칠 점이 엿보이면 이메일 주소(n.warburton@open.ac.uk)로 연락하기 바란다.

더 읽을 책

명료하게 글쓰기

William Strunk Jr and E. B. White(2000), *The Elements of Style*, 4th edn, Boston, MA: Allyn and Bacon.

학습 요령

Ellie Chambers and Andrew Northedge(1997), *The Arts Good Study Guide*, Milton Keynes: The Open University.

철학 에세이 쓰기

Anne Michaels Edwrds(2000), *Writing to Learn: An Introduction to Writing Philosophical Essays*, New York: McGraw-Hill.

Joel Feinberg(2002), *Doing Philosophy: A Guide to the Writing of Philosophy Papers*, 2nd edn, New York: Wadsworth.

A. P. Martinich(1996), *Philosophical Writing*, 2nd edn, Oxford: Balckwell.

Zachary Seech(2000), *Writing Philosophy Papers*, 3rd edn, New York: Wadsworth.

비판적 사고

Anne Thomson(2002), *Critical Reasoning: A Practical Introduction*, 2nd edn, London: Routledge.

Nigel Warburton(2000), *Thinking from A to Z*, 2nd edn, London: Routledge.

Anthony Weston(2000), *A Rulebook for Arguments*, Indianapolis, IN: Hackett.

철학 입문서

Simon Blackburn(1999), *Think: A Compelling Introduction to Philosophy*, Oxford: Oxford University Press.

Edward Graig(2002), *Philosophy: A Very Short Introduction*, Oxford: Oxford University Press.

Stephen Law(2003), *The Philosophy Gym: 25 Short Adverntures in Thinking*, London: Review.

Nigel Warburton(2004), *Philosophy: The Classics*, 4th edn, London: Routledge. 최희봉·박수철 옮김(2011), 『한권으로 읽는 철학의 고전 27』, 知와 사랑.

Nigel Warburton(2001), *Philosophy: Basic Readings,* 2nd edn, London: Routledge.

사전과 철학사전

Robert Audi(ed.)(1999), *The Cambridge Dictionary of Philosophy*, 2nd edn, Cambridge: Cabbridge University Press.

Simon Blackburn(1994), *The Oxford Dictionary of Philosophy*, Oxford: Oxford University Press.

Anthony Flew and Stephen Priest(eds.)(2002), *A Dictionary of Philosophy*, London: Pan.

Ted Honderich(ed.)(1995), *The Oxford Companion to Philosophy*, Oxford: Oxford University Press.

인명 설명 및 색인

네이젤, 토머스

Thomas Nagel(1937~)

미국의 철학자로『중요한 문제들
Mortal Questions』에서 "부조리란 자기
의 바람이나 기대가 현실과 어긋나는
것이 내포된 상황"이라고 주장했다.

26, 32

노직, 로버트

Robert Nozick(1938~2002)

미국의 자유주의 사회철학자로 첫 저
서『아나키에서 유토피아로*Anarchy,
State, and Utopia*』(1974)에서 무정부주
의적 자유주의에 대한 국가의 역할을
인정했다. 그러면서도 국가의 권력이
더 이상의 자유를 제약해서는 안 된
다는 자유주의 국가론을 주장했다.

32

데닛, 대니얼 클레멘트

Daniel Clement Dennett(1942~)

보스턴에 있는 터프스 대학의 철학
자, 인지과학자로 도킨스와 더불어
유명한 무신론자로 알려졌다.『마
법 깨뜨리기: 자연 현상으로서의 종
교*Breaking the Spell: Religion as a Natural
Phenomenon*』의 저자.

32

데카르트, 르네

René Descartes(1596~1650)

프랑스의 철학자·수학자·물리학자로
근대철학의 아버지로 불린다.

12, 18, 37, 79, 81, 82, 89, 90, 110~113

러셀, 버트런드

Bertrand Russell(1872~1970)

영국의 철학자로 1950년에 노벨 문
학상 수상.

9, 61

로, 스티븐
Stephen Law
런던 대학의 헤이드롭 칼리지
Heythrop College의 철학과 교수이며,
『인본주의 *Humanism*』(2011)의 저자.
9, 57, 103~106

루이스, 클라이브 스테이플즈
Clive Staples Lewis(1898~1963)
옥스퍼드 대학의 영문학 교수로『나
니아 연대기 *The Chronicles of NARNIA*』
의 저자.
80

마이즈너, 윌슨
Wilson Mizner(1876~1933)
미국의 극작가.
109

맨스필드, 마이클
Michael Mansfield QC(1941~)
영국 왕실 고문변호사.
8

밀, 존 스튜어트
John Stuart Mill(1806~1873)
영국의 철학자이자 경제학자로 제러
미 벤담의 양적 공리주의와 구분되는
질적 공리주의 사상을 발전시켰으며,
자유주의와 사회민주주의 정치사상의
발전에도 크게 기여했다.
25, 30, 58, 72

베이커, 니콜슨
Nicholson Baker(1957~) 미국의 소설가
로『더블 폴드: 도서관 그리고 종이에
대한 공격 *Double Fold: Libraries and The
Assault on Paper*』의 저자.
75

비트겐슈타인, 루트비히

Ludwig Wittgenstein(1889~1951)

영국의 철학자로 현대 분석철학의 대
표적인 인물.

21, 24, 109

사르트르, 장 폴

Jean-Paul Sartre(1905~1980)

프랑스의 작가, 철학자. 그의 저
서 『존재와 무*Being and Nothingness*』
(1943)는 무신론적 실존주의의 입장
에서 전개한 존재론으로, 2차 세계대
전 전후 시대사조를 대표한다. 노벨
문학상 수상을 거부했다.

48

설, 존 로저스

John Rogers Searle(1932~)

미국의 철학자로 1940년대 후반에서
부터 1950년대 후반에 걸쳐 전개된
일상언어학파ordinary language school
에 속한다. 우리가 말하고 쓰는 데서
네 종류의 다른 '언어행위'를 동시에
수행하고 있음을 그는 다음과 같이
지적했다. ① 우리는 어떤 문장을 말
하거나 쓴다. ② 우리는 어떤 대상을
지시하고 그 대상에 관한 어떤 사실
을 진술한다. ③ 우리는 발언내재행
위를 수행한다. ④ 우리는 흔히 발언
매개행위도 수행한다.

32, 83

쇼펜하우어, 아르투르

Arthur Schopenhauer(1788~1860)

독일의 철학자로 염세사상의 대표자
로 불린다.

13

스트렁크 주니어, 윌리엄

William Strunk Jr(1869~1946)

미국 코넬 대학 영문학 교수.

76, 88, 96

스틸, 리처드

Richard Steele(1672~1729) 영국의 언론
인, 정치가.

20

아널드, 매슈

Matthew Arnold(1822~1888)

영국의 시인이자 비평가이며 교육자로 장학관을 역임하며 영국 교육제도의 개혁에 힘써 근대적인 국민교육의 건설에 크게 공헌했다.

86

에반스, 해럴드

Harold Evans

영국『더 타임스 *The Times*』의 전 편집장.

87

오웰, 조지

Geroge Orwell(1903~1950)

영국 소설가로 러시아 혁명과 스탈린의 배신에 바탕을 둔 정치우화『동물농장 *Animal Farm*』(1945)으로 일약 명성을 얻었으며, 지병인 결핵으로 입원 중 걸작『1984년 *Nineteen Eighty Four*』(1949)을 완성했다.

84, 85

윌리엄스, 버나드

Bernard Williams(1929~2003)

영국의 도덕철학자로『수치심과 필요성 *Shame and Necessity*』(1993)의 저자.

32

조드, 시릴 에드윈 미친슨

Cyril Edwin Mitchinson Joad(1891~1953)

영국의 철학자로『철학 가이드 *Guide to Philosophy*』(1957)의 저자.

84

콰인, 윌러드 밴 오먼

Willard Van Orman Quine(1908~2000)

논리 실증주의를 무너뜨린 미국의 논리학자.

26, 109

파인버그, 조엘

Joel Feinberg(1926~2004)

미국의 정치사회 철학자로『이성과 책무 *Reason And Responsibility: Readings in Some Basic Problems of Philosophy*』(2007)의 저자.

71

하인라인, 로버트 앤슨

Robert Anson Heinlein(1907~1988)

미국의 SF작가. SF 자체의 질을 높여 새로운 가설에 근거한 사색적인 소설의 장르로 만드는 데 공헌했다.

84

해즐릿, 윌리엄

William Hazlitt(1778~1830)

19세기 초 영국의 비평가, 수필가로 『셰익스피어극의 성격 *Charactres of Shakespeare's Plays*』(1817), 『영국 시인론 *Lectures on the English Poets*』(1818~1819), 『영국 희극작가론 *Lectures on the English Comic Writers*』(1819) 등의 평론과 『원탁 *Table Talk*』(1817) 등에 수록된 수필로 유명하다.

62

헬프스, 아서

Arthur Helps(1813~1875)

영국의 작가.

20

화이트, 엘윈 브룩스

Elwyn Brooks White(1899~1985)

미국의 작가로 1970년에 존 뉴베리 우수상을 수상. 스트렁크와 공저로 『영어 스타일 가이드 *English language style guide*』와 『스타일의 원리 *The Elements of Style*』(1918)를 썼는데 그것들이 "스트렁크와 화이트 Strunk & White"로 불린다.

76, 88, 96

화이트헤드, 알프레드 노스

Alfred North Whitehead(1861~1947)

사변 이성과 형이상학적 체계를 역설한 영국의 철학자로 『관념의 모험 *Adventures of Ideas*』(1933)의 저자.

84

NOTE

No.
PHILOSOPHY: THE ESSENTIAL
STUDY GUIDE
in entitled to draw books from the
PUBLIC LIBRARY
and in responsible for all books
taken on this card
Due
Returned
Due
Returned

Fin.